Dieses Büchlein
widme ich meiner lieben Frau,
die meist mitfliegen mußte
und nie Angst hatte

ADAM HERETH

Luftsprünge in die Weltgeschichte

Erlebnisse von
Fliegern und Mitfliegern
aus Bayreuth

Adam Hereth
Bayreuth

Als uns einige Jahre nach Kriegsende die Amerikaner das Fliegen wieder erlaubten, erwarben viele meiner Freunde den Flugschein. Meine Angst vor dem Fliegen war so groß, daß ich mich nicht entschließen konnte, es ihnen gleichzutun. Ich fuhr zwar hie und da hinauf zum Bindlacher Berg, um meinen Freunden bei der Schulung zuzusehen. Einmal wollte mir Werner eine besonders schöne Landung vorführen. Die Schulmaschine ging dabei zu Bruch. Auch wenn er unverletzt aus den Trümmern stieg — ich hatte die Lust am Zuschauen verloren.

Wenn mir damals jemand prophezeit hätte, daß das Fliegen mein Hobby werden würde, hätte ich ihn ausgelacht. Diese Zeilen sind deshalb ein Beispiel dafür, wie schnell aus einem Saulus ein Paulus werden kann.

INHALT

Karl Schmitt war unser legendärer Flugleiter am Bindlacher Berg. Hervorgegangen aus der »Lapo« (Bayerische Landpolizei vor dem Zweiten Weltkrieg), widmete er sich bald mit Leidenschaft der Segelfliegerei, die damals noch in den Kinderschuhen steckte. Mit seinen Erfahrungen, die er schon nach dem Ersten Weltkrieg in der Rhön gesammelt hatte, gründete er in Bayreuth die Segelfliegergruppe. Nach 1945, als den Deutschen der Motorflug verboten war, nahm er mit einer Gruppe begeisterter Segelflieger am Bindlacher Berg den Flugbetrieb wieder auf. Aus dieser verschworenen Gemeinschaft gingen später, nachdem die Alliierten das Flugverbot aufgehoben hatten, die Motorflieger hervor. Karl Schmitt wurde der erste Präsident der Luftsportgemeinschaft Bayreuth, die sehr bald Segelflieger, Motorflieger und Modellflieger vereinte. Seine Tätigkeit auf dem alten Kontrollturm wurde nicht nach Stunden gezählt: Jeden Tag, ob Sonntag oder Feiertag, war er für uns Flieger da. Wenn wir von einem Auslandsflug kamen und über Funk von ihm das Platzwetter vom »Berg« einholten, dann war seine ruhige, vertraute Stimme für uns schon gleichbedeutend mit der sicheren Rückkehr zum Heimatflugplatz. Manchem verspäteten Flieger, der erst nachts zurückkam, verhalf er zu einer sicheren Landung, indem er mit Fackeln die Piste markierte. Seine Frau »Lou« sorgte anschließend in der Kantine mit Speis und Trank für das leibliche Wohl der Spätheimkehrer.

Einmotorige »Moony« beim Anflug auf den alten Bayreuther Flugplatz mit Graspiste am Bindlacher Berg. Um 1965.

Eine
Höhennarkose

Auf der Fahrt zum Bindlacher Berg regnete es in Strömen. Meine Hoffnung, daß oben auf dem Berg – so nannten wir unseren kleinen Sportflugplatz – das Wetter etwas besser werden würde, erwies sich als Trugschluß: Schlechte Sicht, tiefhängende Wolken, starke Windböen und ein grau verhangener Himmel ließen es unwahrscheinlich erscheinen, zur Messe nach Hannover zu fliegen. Um so erstaunter war ich, als ich bemerkte, daß mein Freund Hans das schwere zweimotorige Flugzeug bereits aus dem Hangar herausgeschoben hatte und gerade eifrig dabei war, mit der von ihm gewohnten Sorgfalt die erforderlichen Kontrollen durchzuführen. Auf meine Frage, ob ich helfen könne, kam lapidar die Antwort: »Geh auf die Startbahn und sieh' nach, ob die Sicht reicht zum Start!«

Zunächst stieg ich zum Flugleiter hinauf in den Kontrollturm. Er hatte große Erfahrung, und seine Ratschläge wurden von uns stets dankbar angenommen. Seine Lagebeurteilung: »Die Sicht ist gerade ausreichend, aber überzeugt euch nochmals vor dem Start!«

Als ich endlich durchnäßt und frierend zur Maschine kam, bemerkte ich auf den Rücksitzen zwei Passagiere. Einer der beiden erkundigte sich gerade, ob wir denn auch genug Benzin getankt hätten. Kurz angebunden, wie es vor dem Start seine Art war, brummte Hans nur: »Damit kommen wir leicht bis Kopenhagen!« Dabei ließ er die Motoren an, um allen weiteren Fragen aus dem Weg zu gehen. Von nun an waren wir voll damit beschäftigt, sämtliche Kontrollen durchzuführen, die Funkfrequenzen einzurasten, die Navigationsgeräte einzustellen sowie die Roll- und Startfreigabe einzuholen.

Kaum hatten wir abgehoben, da waren wir auch schon mittendrin in der »Waschküche«. Die Enden den Tragflächen waren noch zu erkennen, doch das war auch alles, was zu sehen war. Unseren beiden Fluggästen hinter uns, die den ersten Flug ihres Lebens unternahmen, hätten wir schönere Eindrücke gegönnt. Was Hans und mich anbelangte, so sorgten die Flugsicherungen von Nürnberg und Frankfurt mit ihren Anweisungen dafür, daß wir nicht arbeitslos wurden. Es regnete immer noch in Strömen. Wenigstens bestand keine Vereisungsgefahr bei der Wetterlage, das war der einzige Vorteil.

Mir fielen unsere beiden Mitflieger wieder ein, und ich drehte mich zu ihnen um, weil ich ihnen mit ein paar erklärenden Worten die Angst nehmen wollte. Zu meinem Erstaunen schliefen die beiden ruhig und friedlich auf ihren Sitzen. Ich machte Hans, der sich gerade eine Zigarette anzünden wollte, darauf aufmerksam. Von dem, was nun geschah, begriff ich zunächst nichts. Hans rief: »Meine Aktentasche! Schau, ob du sie vorholen kannst!« Leicht irritiert wollte ich daraufhin von ihm wissen, wozu er ausgerechnet jetzt die Tasche benötigte. Seine knappe Antwort: »Frag nicht lang, tu sie endlich vor!«

»Ich muß den Äther hinausschmeißen«

Die Tasche lag unter den Rücksitzen. Der Zugriff war freilich verwehrt, weil einer unserer beiden Fluggäste sie mit seinem Fuß festhielt. Vergeblich drängte mich Hans, die Tasche mit größerem Kraftaufwand wegzuziehen. Es rührte sich zunächst gar nichts. »Warum um Himmels willen hebt der seinen Haxen nicht hoch«, rief ich verwundert, »so fest kann doch gar kein Mensch schlafen!« Endlich konnte ich das Utensil doch noch freibekommen. Hans riß mir die Tasche sofort aus der Hand und öffnete sie. Erst jetzt bemerkte ich, daß es im Flugzeug »saukalt« geworden war, da mein Freund sämtliche Frischluftdüsen und sogar das Schlechtwetterfenster geöffnet hatte. Zwar war es schon vorher nicht gerade gemütlich warm gewesen, doch jetzt schüttelte es mich geradezu vor Kälte.

Nun wollte ich es aber ganz genau wissen: »Könntest du mir endlich erklären, was das alles bedeuten soll?« Seine Antwort fiel für mich einigermaßen verblüffend aus: »Ich muß den Äther hinausschmeißen.« Als ich verständnislos nachhakte, ergänzte er: »Den Äther für mein Toupet!«

An dieser Stelle muß ich einfügen, daß Hans gewissermaßen einen sehr breiten Scheitel hatte. Um seine Glatze zu kaschieren, trug er

11

seit einiger Zeit ein Toupet, was seine Freunde sehr belustigte. Mich interessierte jetzt vor allem die Frage, ob man denn mit Äther ein Toupet ankleben könne. »Ach Quatsch!«, meinte er nur, »den brauch ich zur Ablösung des Klebstoffs, wenn ich abends das Toupet wieder abnehme, damit mein Kopf nicht so juckt.«

Nun wurde mir einiges klar. Auf meine Frage, wo er ihn denn aufbewahrt habe, gestand er mir: »In einer Bierflasche. Ich habe sie in mein Handtuch eingewickelt und in die Aktentasche gesteckt. Beinahe hätte ich vergessen, den Äther mitzunehmen. Nun ist er offenbar ausgelaufen.«

Jetzt dämmerte es bei mir: Der starke Luftdruckabfall in dieser Höhe hatte die Flasche mit dem Äther zum Platzen gebracht. Durch die aufsteigenden Gase waren unsere Gäste auf den Rücksitzen regelrecht narkotisiert worden. Hätte die Wirkung noch länger angehalten, dann wären möglicherweise auch wir sanft entschlummert. Ich hatte mich schon über meine Müdigkeit gewundert.

Während unseres Gesprächs hatte Hans das äthergetränkte Handtuch samt den Scherben der zerbrochenen Flasche durch das Schlechtwetterfenster hinausgedrückt. Dann schloß er befriedigt das Fenster und nahm wieder die normale Reisegeschwindigkeit auf. Von vielen Flügen her, bei denen wir gemeinsam im Cockpit saßen, ahnte ich schon, was nun kommen würde. Immer wenn Hans eine brenzlige Situation gemeistert hatte, zündete er sich genußvoll eine Zigarette an. Darauf hatte ich nur gewartet. Als er den Anzünder betätigen wollte und prompt von mir daran gehindert wurde, rief er ungehalten aus: »Du spinnst wohl!« – »Ich nicht, aber du!«, erwiderte ich. »Hast du schon einmal von hochexplosiven Gas-Luft-Gemischen gehört?« Er schaute mich verblüfft an: »Mensch, du hast recht!«

Nachdenkliche Pause. Dann ziemlich plötzlich die Frage, ob ich mitbekommen hätte, wo um Himmelswillen sein Handtuch gelandet sein könnte. Ich hatte mir darüber auch schon meine Gedanken gemacht, und nun entspann sich der folgende Dialog. Hans: »Meinst du, die Scherben der Flasche könnten jemanden verletzt haben?« Darauf ich: »Wenn dir aus 3000 Meter Höhe ein Flaschenverschluß auf den Kopf fällt, dann gehst auch du bestimmt in die Knie.« Hans empfand es in diesem Zusammenhang als ausgesprochen beruhigend, daß die Gegend nicht sehr stark bevölkert war.

»Schau hin«, rief ich, »alle Zeiger (gemeint waren die Anzeigen an den Navigationsinstrumenten) fallen um, wir sind jetzt genau über Fulda. Somit müssen die Scherben irgendwo in der Rhön gelandet sein und dort die Umwelt verschmutzen.«

»Hoffentlich wachen die wieder auf«

Nach dieser Feststellung schien er sichtlich erleichtert zu sein. Gemeinsam beobachteten wir die Instrumente und hatten nur das gleichmäßige Motorengeräusch in den Ohren, bis wir durch ein Pfeifen im Funk aufgeschreckt wurden. Hans drehte sich besorgt nach unseren Fluggästen um. Er schaute sie lange prüfend an, bevor er sich wieder mir zuwandte: »Hoffentlich wachen die beiden wieder auf!« Diese Sorge hatte ich nicht, denn unsere Gäste atmeten ganz ruhig und gleichmäßig. Hans wunderte sich, daß die Wirkung so lange anhielt. »Da kannst du sogar noch froh darüber sein«, meinte ich,

»würden sie jetzt aufwachen, würden sie bei diesem böigen Wind durchgeschüttelt und müßten am Ende noch kotzen wie die Reiher. Dann hätten wir eine schöne Bescherung im Nacken und außerdem wochenlang den Gestank im Flugzeug.« Hans blieb bei seiner Meinung, er hätte es lieber gesehen, wenn sie wieder munter gewesen wären.

Der Regen hatte inzwischen etwas nachgelassen, und von unserem Zielort Hannover wurden uns trockenes Wetter und gute Sicht zur Landung gemeldet. Da wurde Hans nochmals von Unruhe erfaßt: »Wir müssen tiefer runter.« Als ich dies nicht einsehen wollte, rief er leicht ungehalten aus: »Die können gar nicht aufwachen, weil in dieser Höhe die Luft viel zu dünn ist. Die bekommen einfach zu wenig Sauerstoff.« Er gab mir den Auftrag, bei der Flugsicherung die niedrigste Flugfläche zu erwirken, die frei war.

Mir kamen Bedenken. Was – um Himmelswillen – sollte ich denen erzählen, wenn sie den Grund dafür wissen wollten? Würde ich ihnen

Flugbetrieb auf dem Bindlacher Berg Mitte der 60er Jahre. Links Adam Hereth, rechts Hans Maisel.

14

sagen, was wirklich bei uns an Bord los ist, mußten wir am Ende noch Schwierigkeiten wegen Transportgefährdung befürchten. Doch Hans zuckte nur mit den Achseln: Ich solle mir halt irgend etwas einfallen lassen.

Mir fiel dazu freilich rein gar nichts ein. »Ich kann doch denen nicht erklären, daß ich plötzlich den Höhenkoller bekommen habe, oder daß es dir auf einmal schlecht geworden ist. Dann kannst du Gift darauf nehmen, daß bei der Landung schon ein Krankenwagen bereitsteht. Nein, das kannst du . . .«

Ich konnte den Satz nicht mehr vollenden, weil sich jetzt unversehens die Flugsicherung einschaltete. Fast hätte man glauben können, der Kontrollturm habe unseren Disput mitgehört, denn wir erhielten die Anweisung, sofort in den Sinkflug überzugehen. Damit hatte sich unser Problem von selbst gelöst.

Eine Viertelstunde später landeten wir in Hannover-Langenhagen. Zu unserem Abstellplatz mußten wir lange über holprige Graswege rollen. Als wir dort ankamen, begannen sich unsere beiden Langschläfer auf den Rücksitzen wieder zu bewegen. Die Motoren waren abgestellt. Ich hörte, wie einer den anderen anstieß: »Ah! Habe ich gut geschlafen!« Wohlig nickte der Schlafkumpan: »Ich auch!«

Mit allen Anzeichen der Erleichterung sah Hans mich an. Wir kamen überein, den Fluggästen das Geheimnis ihres Tiefschlafes niemals zu verraten.

Heinzelmännchen
und Erdbeben

Wir wollten den Sommerurlaub wieder am warmen Mittelmeer verbringen und dabei zugleich unser Bildungsdefizit etwas auffüllen. Unsere Wahl fiel auf die Ionischen Inseln. Während unsere Freunde mit ihren Kindern das Ziel mit der Linienmaschine anflogen, benutzten meine Frau und ich unsere einmotorige »Moony«. Alles deutete auf einen schönen Flug hin, und wir wähnten uns schon fast am Urlaubsort.

Da Albanien für einen Überflug gesperrt war, nahmen wir den Umweg über Split und Brindisi nach Kerkira. Dabei mußten wir die Adria zweimal überfliegen bis zur Straße von Otranto. Vor dem Flug übers Meer machten wir noch eine Zwischenlandung in Split. Als wir zum Abstellplatz rollten, dachte ich nur noch ans Essen. Während ein Angehöriger des Flughafenpersonals mit zwei Kellen mich in meinen Abstellplatz einwinkte, suchte ich mit einem Auge bereits nach dem Flughafenrestaurant, wo ich meinen Riesenhunger zu stillen gedachte.

Ich setzte gerade zur letzten Rechtskurve an, als ich einen starken Schlag an der linken Tragfläche verspürte. Die Sonne blendete mich so stark, daß ich das Geschehen zunächst gar nicht überblicken konnte. Tatsächlich hatte ich einen gelben Gepäckwagen, der einsam und verlassen auf der Rampe herumstand, auf die Hörner oder – besser gesagt – auf die Fläche genommen. Bei der Schadensbesichtigung verging mir der Hunger gründlich. An meiner Tragfläche war ein Loch, so groß wie ein Suppenteller, aufgerissen worden. Der Gepäckwagen hatte die Kollision vergleichsweise gut überstanden und war nach wie vor einsatzbereit, was wir von unserem Flugzeug leider nicht sagen konnten.

An ein Weiterfliegen war gar nicht zu denken. Die nun folgenden Verhandlungen mit dem Flughafenkommandanten waren langwierig und endeten ohne greifbares Ergebnis. Mir wurde lediglich mitgeteilt, daß für diesen besonders gelagerten Fall ein Kommissar aus Belgrad zuständig sei. Dieser sei schon verständigt und werde so schnell wie möglich herfliegen. »Gut«, sagte ich, »dann kann ich jetzt ins Hotel zum Mittagessen fahren.«

Sofort kam sein entschiedener Einspruch: »Sie müssen hier sein, wenn der Kommissar eintrifft, sonst bekomme ich Schwierigkeiten.« Ich wußte, daß die Entfernung von Belgrad bis Split mindestens 400 Kilometer beträgt. Bis zum Eintreffen des Herrn Kommissars konnten noch Stunden vergehen, und ich dachte nicht daran, die ganze Zeit hier sinnlos herumzusitzen. Der Flughafenkommandant kannte mein Hotel und wußte somit, wo ich zu finden war. Überdies war ich jederzeit telefonisch erreichbar, wie ich ihm klarmachte.

Während er noch über meine Worte nachdachte, ging ich mit meiner Frau zu einem Taxi und fuhr zum Hotel. Es war das beste Haus von Split, in herrlicher Lage direkt am Hafen. Allerdings war auf Schritt und Tritt zu bemerken, daß dieser Hotelpalast mit seiner kalten Pracht auch schon einmal bessere Tage gesehen hatte. Hanna ging gleich ins Zimmer, um ein Bad zu nehmen, während ich mich in der Umgebung und am Hafen etwas umsah.

Bei meiner Rückkehr fiel mir an der Rezeption ein Mann auf, den ich bei unserer Ankunft nicht gesehen hatte. Er ging schnurstracks auf mich zu und gab mir einige Erklärungen, damit ich keine Unannehmlichkeiten bekäme, wie er anfügte. Er wies auf zwei große Schiffe direkt vor dem Hotel hin: russische Kreuzer, die nicht fotografiert werden dürften. »Am besten geben sie Ihre Kamera gleich bei uns im Hotel ab, denn auch vom Zimmer aus dürfen keine Aufnahmen gemacht werden.« Ich zog es indes vor, meine Kamera zu behalten, und rief meine Frau im Zimmer an, damit sie zum Essen herunterkäme. Sie befand sich in heller Aufregung, weil sich der Auslaßhahn für's Badwasser nicht abstellen ließ. Da zusätzlich der Abfluß der Badewanne verstopft war, schien es nur eine Frage der Zeit zu sein, bis die Badewanne überlaufen würde. Mehrere telefonische Hilferufe blieben erfolglos. Als ich endlich einen Nothelfer auftrieb, fehlten noch zwei Zentimeter bis zum Rand.

Der Speisesaal war so groß und protzig wie die Speisekarte. Drei oder vier Kellner standen gelangweilt herum, schließlich waren meine Frau und ich die einzigen Mittagsgäste. Der Oberkellner, der fließend deutsch mit leicht österreichischer Färbung sprach, erwies sich als sehr aufmerksam und zuvorkommend. Da wir das Meer direkt vor Augen hatten, entschieden wir uns für ein Fischgericht. Bei unserer Bestellung sah sich der Ober vorsichtig nach allen Seiten um, um uns dann zu eröffnen: »Wenn Sie frischen Fisch essen wollen, nehmen Sie ein Taxi und fahren in eines der Dörfer an der Küste. Dort verkaufen die Fischer ihren Fang direkt von den Booten. Bei uns ist der Fisch gefroren und alt.«

Wir nahmen seinen Rat dankbar an und aßen die empfohlenen Backhähnchen, die uns sehr gut schmeckten. Nach dem Essen kehrte ich wieder zum Flugplatz zurück. Der Kommissar aus Belgrad war inzwischen eingetroffen und empfing mich äußerst zuvorkommend. Er bedauerte den Vorfall und betonte, daß Split als aufstrebender Flugplatz großen Wert auf Fremdenverkehr lege. Dabei deutete er auf eine Chartermaschine von Neckermann, die gerade gelandet war. »Der Tourismus bringt uns Devisen ins Land. Der Mann, der Sie auf dem Flugplatz eingewiesen hat, ist bereits entlassen.« Dies war keineswegs in meinem Sinn, und ich versuchte ihm klarzumachen, daß ich als verantwortlicher Flugzeugführer die Alleinschuld trug an der Kollision mit dem Gepäckwagen, den ich einfach übersehen hatte. »Sie können den Mann deshalb nicht entlassen.«

Wir sprachen noch lange miteinander, aber ich war nicht sicher, ob ich ihn wirklich überzeugt hatte. Schließlich sagte ich: »Wenn Sie unbedingt einen Schuldigen brauchen, dann müssen Sie den suchen, der den Gepäckwagen auf dem Vorfeld stehen ließ.« Er erwiderte, daß er dies bereits vergeblich versucht habe. Er kündigte an, daß jetzt mein Flugzeug – natürlich auf Staatskosten – repariert werde. »In Belgrad haben wir einen Spezialbetrieb für solche Arbeiten. Wenn Sie das Flugzeug zurückbekommen, sieht es aus wie neu.«

Darauf verzichtete ich in diesem Fall gerne. Ich machte dem Kommissar klar, daß ich endlich meinen Urlaubsort erreichen wolle. Sobald der Schaden provisorisch ausgebessert sei, werde der Flug fortgesetzt. Beim Abschied meinte der Kommissar wohlwollend: »Sie können sich das Ganze nochmals überlegen. Ich fliege erst morgen nach Belgrad zurück, wenn ich meinen Bericht fertiggestellt habe.«

Beim Abendspaziergang durch die uns unbekannte Stadt standen wir plötzlich vor den Resten eines Bauwerkes, das mir den sieben Weltwundern das Altertums ebenbürtig schien. Es war der Palast des Kaisers Diocletian, ein Viereck mit einer Seitenlänge von rund 400 Metern, dessen Außenmauern noch gut zu erkennen waren. Viele Bauwerksteile und Türme hatten den Jahrhunderten getrotzt. Innerhalb der zerfallenen Palastbereiche waren neue Häuser, meist aus den Steinen der Ruinen, errichtet worden.

Aus Platzmangel waren die Häuser so nahe wie möglich zusammengebaut, wodurch ein romantisches Gewirr enger Gäßchen entstand, die man nur zu Fuß durchqueren konnte. Abends im Bett las ich in einem Reiseführer die Geschichte von Split. Natürlich waren griechische Siedler die Gründer der Stadt. Im Laufe der Geschichte ging es dann aber drunter und drüber: Byzanz, Venedig, die kroatischen Könige, nochmals Venedig, Ungarn, Österreich und dann Jugoslawien brachten die Stadt abwechselnd in ihren Besitz. Über der Lektüre schlief ich ein, ohne das Licht zu löschen.

Am anderen Tag war ich frühzeitig am Flugplatz in der Hoffnung, jemanden zu finden, der das Loch in der Tragfläche notdürftig reparieren konnte. Als ich ans Flugzeug kam, traute ich meinen Augen nicht: Vom Loch war nichts mehr zu sehen. Es war fachgerecht ausgebessert, und auch das genaue Profil der Tragfläche war wieder hergestellt. Nur die weiße Farbe des neuen Bleches hob sich vom alten Anstrich etwas heller ab, weil sie noch nicht so verschmutzt war. Das Flugzeug war wieder flugfähig.

Zwei Männer in Arbeitskleidung kamen auf mich zu – das mußten sie sein, die Heinzelmännchen von Split! »Wir haben es so gut gemacht, wie es uns möglich war«, sagte der eine, »Sie müssen jetzt nur aufpassen, daß Sie nicht schmutzig werden, denn der Lack ist noch etwas feucht.«

Als sie meine Überraschung und meine Freude sahen, lachten sie über das ganze Gesicht. Danach ging ich mit ihnen ins Flughafenrestaurant, um sie für ihre Arbeit zu bezahlen. Jetzt kam die nächste Überraschung: Sie lehnten jedes Geld entschieden ab. »Sie haben sich gestern für unseren Kollegen eingesetzt. Der Kommissar hat daraufhin die Entlassung wieder zurückgenommen. Unsere Arbeit ist der Dank dafür!« Wir tranken noch zusammen Kaffee, dann verabschiedete ich mich von diesen freundlichen Menschen.

Mit eintägiger Verspätung landeten wir in Korfu. Unsere Freunde waren längst da, und es kam endlich die richtige Urlaubsstimmung auf. Schnell gewöhnten wir uns nach der Hetze des Alltags an das »dolce far niente«, an dieses süße Nichtstun. Zu Hause herrschte ein kalter, verregneter Sommer, daher konnten wir von der Sonne, dem blauen Himmel und dem Meer nicht genug bekommen.

Nach einigen Tagen hatte ich einen solchen Sonnenbrand auf dem Rücken, daß ich nur noch auf der Seite oder auf dem Bauch liegend schlafen konnte. Das war wahrscheinlich der Grund, weshalb ich sofort hellwach wurde, als das Obst im Zimmer umherrollte. Ich weckte unsanft meine Frau: »Schnell raus, ein Erdbeben!« Sie war noch so schlaftrunken, daß ich sie fast gewaltsam ins Freie hinausziehen mußte. Von allen Seiten strömten nun die Hotelgäste am Strand zusammen; mehr oder minder aufgeregt diskutierend. Zwei Damen aus Holland wollten von meinem Freund wissen, wie man sich am besten vor dem Naturereignis schützen könne. Seine lapidare Erklärung, er sei nun einmal Arzt und kein Erdbebenforscher, hielt die beiden nicht davon ab, ihn mit weiteren Fragen zu nerven. Als ich sie darauf aufmerksam machte, daß es wahrscheinlich noch Nachbeben geben werde, waren sie vollends verunsichert.

Am anderen Tag folgten wirklich noch mehrere kleinere Erdstöße. Mein Freund hatte für uns ein Fischerboot gemietet, und Konstantin (so hieß unser freundlicher Steuermann) fuhr uns an die schönsten Stellen der Insel. Auf seinem Boot waren wir vor Erdbeben genauso sicher wie vor den Auswüchsen des Massentourismus. Wir versprachen ihm, wieder einmal die Ferien auf seiner schönen Insel zu verbringen.

Als Pilot
des Oberbürgermeisters

Am 23. Juni 1966 starteten wir zu einem Flug nach Paris. Neben mir saß als prominenter Copilot Bayreuths Oberbürgermeister Hans Walter Wild, der aus seiner Aversion gegen das Fliegen nie ein Hehl gemacht hatte.

Unser Flugleiter auf dem Bindlacher Berg war der legendäre Karl Schmitt. Er war es, der das widerstrebende Stadtoberhaupt überzeugt hatte, daß ein Direktflug von Bayreuth nach Paris völlig unproblematisch sei. Als geeigneten Flugzeugführer hatte er mich wärmstens empfohlen. Wild mußte zu jener Zeit die Wagnerstadt in Paris vertreten. Auf Einladung des Pariser Bürgermeisters sollte er im Theater Marigny auf den Champs Elysées anläßlich einer Matinee über »Wagner und Bayreuth« einen Vortrag halten.

Wir flogen am frühen Morgen um 5.05 Uhr in Bayreuth ab, weil für den späteren Vormittag der Durchzug einer Tiefdruckstörung angesagt war. Der Himmel war blau und wolkenlos. Die Landschaft unter uns war in das Licht der aufgehenden Sonne getaucht. Die Berge der Fränkischen Schweiz kamen uns mit ihren klaren Konturen entgegen, so als ob sie uns festlich empfangen wollten. Nur in den Tälern der Flüsse und Bäche sah man noch vereinzelte Nebelstreifen, die sich allmählich auflösten. Friede lag über dem Land, und auch das monotone Motorengeräusch konnte die feierliche Stimmung nicht stören.

Ein Bilderbuchwetter also – gerade richtig für den »OB«, der sich wieder einmal, wenn auch widerwillig, in die Lüfte erhob. Ich genoß die Freude an diesem schönen Flug, und auch mein Fluggast fühlte sich, wie mir schien, ganz wohl. Bayreuth liegt auf dem 50. und Paris auf dem 49. Breitengrad. Wir hatten also keine Navigationsprobleme. Da es fast windstill war, gingen wir auf Westkurs und umflogen alle Sperrgebiete südlich. So mußten wir genau nach Paris kommen.

Vorerst war meine Überlegung richtig, denn nach neun Minuten lag rechts von uns Bamberg. Der Dom war deutlich zu erkennen, und seine vier Türme leuchteten im Lichte der aufgehenden Sonne. Würzburg war gerade noch zu sehen. Das Maindreieck und das

Mainviereck am rechten Horizont erinnerten mich an die Karte in meinem Schulatlas. Neckar und Rhein waren schnell überflogen, ebenso der Pfälzerwald. Doch plötzlich wurde ich stutzig. Was vor uns am westlichen Horizont sichtbar wurde, war kein Dunst – das waren schon die Vorboten des heranziehenden Tiefdruckgebietes. Für die schöne Landschaft hatte ich nun keinen Blick mehr übrig. Ich beobachtete nur noch die Wolken am Horizont.

Sollte ich weiterfliegen oder gleich auf einem Ausweichflugplatz landen – das war die Frage, die ich mir stellte. Da hinter uns das schöne Wetter war, entschloß ich mich zum Weiterflug. Umkehren konnte ich schließlich immer noch. Außerdem hoffte ich insgeheim, daß sich das vorhergesagte Tief abschwächen und sich nur noch als leichte Störung bemerkbar machen würde, unter der man vielleicht hindurchfliegen konnte. Schlimmstenfalls konnte ich in Frankreich immer noch leichter einen Ausweichflugplatz finden als bei uns. Da jetzt das Wetter alle anderen Gedanken verdrängte, gab ich meinem Duzfreund Wild meine Fliegerkarte mit dem Hinweis: »Du mußt jetzt nur genau aufpassen, daß wir nicht vom Kurs abkommen. Das dürfte nicht allzuschwer sein, denn ich habe einen dicken Strich in die Karte eingezeichnet, der uns direkt zum Ziel führt.«

Im Visier der NATO

Er machte seine Sache ganz gut. So konnte ich mir den Luvwinkel erfliegen. Bei starken Wind aus Südwest sank die Wolkenuntergrenze dauernd weiter ab, so daß ich immer tiefer gehen mußte, um die Wolken nicht zu berühren. Plötzlich rief Wild aus: »Rechts von uns ist ein großer Flugplatz!« Worauf für mich alles klar war: »Nichts wie hin!« Sodann vollführte ich eine Rechtskurve und sah nun einen riesigen Platz, der mir im Vergleich zu unserem kleinen Flugzeug völlig überdimensional vorkam. Es war Etain Rouvres, ein NATO-Flugplatz etwa fünf Meilen nördlich von Verdun. Frankreich war damals noch NATO-Mitglied, und für mich jedenfalls waren damit alle Probleme gelöst.

Bereits beim Anflug bat ich die Amerikaner um Landegenehmigung, erhielt jedoch keine Antwort. Ich überprüfte die Frequenzen und versuchte es dann mit dem zweiten Funkgerät – vergeblich. Es kam einfach keine Antwort. Inzwischen waren wir schon fast über dem Platz, ohne daß sich unter uns irgend etwas bewegte. Alles schien wie ausgestorben. Ich nahm Kurs auf den Kontrollturm und überflog ihn dreimal in der Hoffnung, vielleicht durch Leuchtzeichen konkrete Anweisungen oder die Landeerlaubnis zu bekommen.

Der Turm war unbesetzt, wie wir erkennen konnten. Inzwischen hatte es zu regnen angefangen, und ich entschloß mich nun doch zur Landung. Die angeflogene Piste war fast zwei Kilometer lang. Kurz vor dem Aufsetzen bemerkte ich, daß quer über der Landebahn ein Stahlseil gespannt war. Mit unseren kleinen Flugzeug konnte ich mich gerade noch mit einem »Hupfer« darüber hinwegsetzen. Nach Lage der Dinge wurde es nicht gerade eine schöne Landung, aber wir waren am Boden und rollten in Richtung Kontrollturm.

Auf dem Platz rührte sich immer noch nichts. Kein Jeep kam uns entgegen, weit und breit kein GI, und von den Düsenjägern bemerkten wir ebenfalls nichts. Der Flugplatz machte freilich einen gepflegten Eindruck. Der Rasen war gemäht, die Zurollbahnen waren mit Hinweisen und Wegweisern versehen, und zu beiden Seiten des Kontrollturms blühten Sommerblumen in allen Farben. Neben einem Rosenbeet hielt ich an und stellte den Motor mit einem Seufzer der Erleichterung ab. »Bin ich froh, daß ich endlich pinkeln kann«, sagte ich zu Hans Walter Wild. Er teilte meine Empfindung.

Wir wollten gerade aussteigen, als plötzlich der Ruf ertönte: »Shut the door and stay inside!« Der militärische Kommandoton war bestimmt und eindeutig, um nicht zu sagen unfreundlich. Erst jetzt sahen wir, daß Soldaten mit schußbereiten Maschinenpistolen links und recht vom Flugzeug in Stellung gegangen waren. Unter diesen bedrohlichen Umständen führten wir natürlich den Befehl zur Schließung der Türe unverzüglich aus.

»Die halten uns für Spione . . .«

»Hast du eigentlich die Kerle gesehen, als wir hier zum Einparken rollten?« wollte ich von Wild wissen. Er schüttelte den Kopf und äußerte die Vermutung, daß sie sich in den Büschen versteckt haben könnten. Nachdem wir eine Weile ergebnislos gewartet hatten, versuchten wir nochmals, ganz vorsichtig und langsam die Türe zu öffnen. Prompt rief wieder einer: »Stay inside!« Das war keine Bitte, sondern ein deutlicher Befehl. Wir überlegten hin und her, was das ganze Theater zu bedeuten hätte, ohne eine Erklärung für das geheimnisvolle Verhalten zu finden. Dann kam Wild die Erleuchtung: »Du, die halten uns offenbar für Spione.« Zuerst dachte ich, daß er einen Scherz mache. Dann bemerkte ich jedoch, daß immer mehr Uniformierte auftauchten mit schußbereiten Maschinenpistolen in den Händen. Unter ihren Stahlhelmen sah ich verwundert ihre schwarzen, braunen und weißen Gesichter. Die Stimmung war gespannt wie im Krieg kurz vor dem Angriffsbefehl. Aber der kam vorerst nicht. Dafür steigerte sich bei uns nun auch der innere Druck, der eindeutig von der Blase kam, bis ins Unerträgliche . . .

27

Endlich wurden wir aus unserer Zwangslage erlöst. Im Erdge-
schoß des Kontrollturms saßen wir einem Sergeanten gegenüber,
dessen schütteres Haar und unübersehbare Korpulenz andeuteten,
daß er den Höhepunkt seiner beruflichen Laufbahn wohl erreicht
hatte. Gespannt harrten wir der Dinge, die da auf uns zukommen

*Pioniere der deutsch-französischen Freundschaft: Bayreuths Oberbürger-
meister Hans Walter Wild (rechts) und sein Pariser Amtskollege Dr.
Pierre Devraigne, den die Liebe zu Richard Wagners Werk mit Bayreuth
verband. Das Foto zeigt die beiden Kommunalpolitiker bei einem Empfang
im Pariser Rathaus in den 60er Jahren.*

würden. Als störend empfanden wir das auffallend unsichere Gehabe und einen gewissen Unmut, den unser Gegenüber zunehmend verbreitete.

Am Ende war er durch uns gar aus dem Schlaf gerissen worden, ohne Frühstück vielleicht, nach einer schlechten Nacht? Und vor sich dann zwei Eindringlinge, mit denen er absolut nichts anzufangen wußte. Ja, so konnte es sein. Nachdem sich der Sergeant erst einmal mit einer großen Tasse Kaffee gestärkt hatte, begann er mit dem amtlichen Verhör. Vor ihm lag ein großes Buch, viel dicker noch als die Bibel, in dem er immer wieder mißmutig herumblätterte. Mehrmals hintereinander hörten wir ihn rufen: »Sheet papers!« Es handelte sich um Dienstvorschriften, also um eine Art Kodex mit Entscheidungshilfen für Ereignisse, die nicht alle Tage vorkamen.

Im Dschungel der Dienstvorschriften

»Sie sind also ohne Erlaubnis auf einem für Sie verbotenen US-Stützpunkt gelandet«, murmelte er übel gelaunt vor sich hin. Es war eine umständliche Prozedur. Unser Sergeant hatte sich zum ersten Mal in seiner langen dienstlichen Laufbahn mit der widerrechtlichen Landung »unbekannter Wesen« zu befassen. Er schimpfte über die ihm bis dato unbekannten Dienstvorschriften, mit denen er auch nach gründlichem Studium nicht zurechtzukommen schien. Höflich, wie es nun mal unsere Art war, boten wir unsere Hilfe an, bekamen freilich nur einen strafenden Blick und einen unverständlichen kräftigen Fluch zur Antwort.

Seine Stimmung hellte sich erst sichtlich auf, als der Oberbürgermeister in flüssigem, durch seine Gefangenschaft in den britischen Kriegsgefangenenlagern Ägyptens geschultem »Hoch-Englisch« die näheren Umstände unseres Fluges schilderte. Der Sergeant veranlaßte daraufhin eine Kontaktaufnahme mit dem US-Kavallerieregiment auf dem Bindlacher Berg, von wo aus wir gestartet waren. Das

Ergebnis der Rückfrage schien ihn zu befriedigen, und seine Stimmung heiterte sich vollends auf, als ihm Wild eine Bayreuther Zeitung unter die Nase hielt. Auf einem Großfoto war der Oberbürgermeister bei einer Amtshandlung abgebildet. Vor Abschluß des Verhörs blieb der prüfende Blick des Amerikaners nochmals auf mir haften. Wild beherrschte die Situation vollkommen und zeigte auf mich mit den Worten: »Er ist nur mein Pilot!«

In den Gesichtszügen unseres Gegenübers konnte man jetzt lesen wie in einem Buch: Ein Bürgermeister mit eigenem Piloten mußte zweifellos der Vertreter einer hochbedeutenden deutschen Stadt sein. Nun bekamen auch wir einen Kaffee, und unser anfangs so mißtrauischer Sergeant schlüpfte plötzlich in die Rolle eines hilfsbereiten Freundes. Ich benutzte den Stimmungsumschwung, um meine fliegerischen Sorgen loszuwerden. Mir war klar, daß es nicht mehr lange dauern konnte, bis die Flugsicherung nach uns suchen würde.

Ich erhielt die erfreuliche und beruhigende Mitteilung, daß Paris-Control von unserer Landung längst verständigt worden sei – alles war somit in Ordnung. Die Fürsorge des Sergeanten kannte nun keine Grenzen. Er bot uns sogar Benzin für den Weiterflug an. Dieses Geschenk mußten wir leider ablehnen, weil unser Motor diese Spritsorte nicht vertragen hätte. Nachdem wir verschiedene Formulare unterschrieben hatten, stand unserem Weiterflug nichts mehr im Wege. Der Sergeant begleitete uns noch zur Wetterberatung, die uns mit den neuesten Informationen versorgte, bevor ein kurzer, aber herzlicher Abschied folgte.

Überraschung in Paris

Bei unserer Ankunft in Paris erwarteten uns freilich erneut Unannehmlichkeiten. Eigentlich sollte uns Dr. Pierre Devraigne, der frühere Oberbürgermeister von Paris und ein Freund Hans Walter Wilds, am Flugplatz in Empfang nehmen. Doch statt seiner stürmte

Hans Walter Wild, 46, Oberbürgermeister von Bayreuth, startete um fünf Uhr morgens mit einem Freund in dessen einmotorigen Flugzeug zu einer Reise nach Paris, obwohl er eine Aversion gegen das Fliegen hat: »Man muß sein Leben nicht aus Vergnügen aufs Spiel setzen, wenn man die Verantwortung für Frau und Kinder hat.« In der Nähe von Verdun erwogen die beiden Bayreuther umzukehren, weil ihre Sicht durch eine dichte Wolkendecke behindert war und in der Maschine keine Blindfluganlage installiert ist. Ehe sie einen Beschluß faßten, entdeckte Wild einen Flugplatz. Die Deutschen baten über Funk dreimal um Landeerlaubnis, erhielten jedoch keine Antwort. Sie landeten dennoch. Folge: Ihre Maschine wurde zunächst von einem schlaftrunkenen US-Soldaten zu den Hangars dirigiert; anschließend umstellten schwerbewaffnete GIs das Flugzeug und hinderten die Piloten am Aussteigen, bis ein Hauptmann erschien und die Deutschen zu einem Verhör abführte. Als die Amerikaner nach mehrstündiger Untersuchung die Identität der Bayreuther geklärt hatten, verabschiedeten sie sich freundlich und erboten sich, die Maschine kostenlos aufzutanken. Die Deutschen lehnten ab: »Das Benzin war zu schwer.« Am frühen Nachmittag kamen sie in Paris an, wo sie vom französischen Zoll wegen ihrer unerlaubten Landung auf dem US-Militärflughafen verhört wurden. Wild: »Das war wahrscheinlich mein letzter Flug.«

Meldung im Nachrichtenmagazin »Der Spiegel«, Juni 1966

zu unserer Überraschung ein Zollbeamter auf uns zu. Lautstark gestikulierend überschüttete uns der temperamentvolle Franzose mit Fragen über Fragen. Dabei ließ er uns gar keine Zeit, sie zu beantworten. Dank unserer guten Sprachkenntnisse und Wilds diplomatischem Geschick überwanden wir auch dieses Hindernis. Der Zöllner machte große Augen, als Wild die Dramaturgie unseres Fluges übernahm: »Wir wurden von einem Gewittersturm aufgehalten und hatten nur die Wahl zwischen dem sicheren Tod oder einer Notlandung bei den Amerikanern, freilich unter Verletzung der französischen Zollbestimmungen. Wir entschieden uns fürs Überleben.«

Um den Verlauf unserer Flugreise richtigzustellen, versuchte ich dem Zollbeamten klar zu machen, daß wir wegen einer Schlechtwetterfront auf einem Ausweichflugplatz landen mußten. Da der US-Stützpunkt gerade vor unserer Nase lag, wollten wir kein Risiko mehr eingehen und nicht erst lange nach einem Zollflughafen suchen. Unser »Douanier« hörte aufmerksam zu, war aber immer noch nicht zufriedengestellt.

Da trat Pierre Devraigne auf den Plan: Er stürzte mit nicht minder großer Verve auf seinen Freund »Hans Walter« zu, umarmte ihn und begrüßte ihn überaus herzlich. Der Grenzer, der sicherlich korrekt gehandelt hatte, war angesichts des Fraternitätsausbruchs der beiden Bürgermeister geradezu konsterniert. Die Situation war gemeistert und eine unterhaltsame Flugreise beendet. Wild murmelte noch etwas wie: »Ende gut, alles gut. Das war mein letzter Flug!«

Ich habe lange überlegt, wie er dies wohl gemeint hat. Sein letzter Flug mit mir? Sein letzter Flug überhaupt? Er hat es mir nie gesagt.

Erfolg
durch Mißerfolg

Pierre Quairé, der Präsident des Fliegerclubs von Caen, wurde von uns als guter Freund geschätzt. Hans und ich kannten ihn seit einigen Jahren. Bei jedem Treffen sprachen wir viel über das Fliegen, das Segelfliegen und über die Sportfliegerei in unseren Heimatländern. Caen war damals schon der bedeutendste Verkehrsflughafen in der Normandie mit zwei Landebahnen, während wir auf dem Bindlacher Berg nur unseren hoppeligen Grasplatz benutzen konnten.

Bei einem Zusammentreffen erzählte uns Pierre von der Normandie-Rallye. Da wir uns darunter nichts vorstellen konnten, klärte er uns auf. Die Flug-Rallye wird alljährlich um den 6. Juni, dem Jahrestag der Invasion, vom Fliegerclub Caen veranstaltet. Sie führt über jene Strände, an denen 1944 die Landung der alliierten Truppen erfolgte. »Leider hatten wir noch nie einen deutschen Teilnehmer bei dieser Rallye«, bedauerte Pierre. Bisher hätten sich nur Franzosen, Engländer, Belgier und Holländer beteiligt. »Ich lade Euch herzlichst zum Mitfliegen ein . . .«

Unsere Zusage erhielt Pierre Quairé sofort, und bald darauf bekamen wir die Ausschreibungsunterlagen für die Flug-Rallye in der Normandie. Zunächst waren wir der Meinung, daß es sich dabei um einen fliegerischen Wettbewerb handle, vergleichbar mit dem Deutschlandflug, wenn auch im kleineren Raum. Wir hatten uns getäuscht: Die Rallye hatte mehr den Anstrich einer gesellschaftlichen Veranstaltung, auch wenn ihr Ablauf drei Tage in Anspruch nahm. Für die festlichen Empfänge war ein dunkler Anzug erwünscht. Der erste Tag mit einer Begrüßung durch den Bürgermeister von Caen im Rathaus, gefolgt von einem Festessen. Am zweiten Tag war früh um 10 Uhr das übliche »Briefing«, bevor eine halbe Stunde später die ersten Flugzeuge starteten.

Zuvor erhielt jede Flugzeugbesatzung noch einen Fragebogen, der bei der nächsten Landung in Ryes ausgefüllt abzugeben war. Er war gespickt mit Fragen, die sich auf Einzelheiten der Invasion bezogen sowie auf alles, was damit im Zusammenhang stand. Wir hatten zwar die Geschichte der Landung des sogenannten »D-Days« sorgfältig studiert. Was man jetzt von uns alles wissen wollte, konnten wir indes unmöglich beantworten. Nachfolgend eine Kostprobe aus dem Fragenkatalog: »In der Kommandantur von Caen gelang einem Franzosen, die deutschen Verteidigungspläne für den Fall einer Landung auszuspionieren. Es handelte sich um einen Handwerker, der für die Deutschen Arbeiten ausführte. War es ein a) Maurer? b) Maler? c) Schreiner? d) Elektriker?«

Eines von vier Kästchen war von uns anzukreuzen — mit der Hoffnung, daß damit die richtige Antwort gegeben war. Hans riet mir, möglichst die inneren Kästchen anzukreuzen. Er vermutete, daß die äußeren Nieten sein könnten. Daraufhin las ich die Fragen erst gar nicht mehr durch.

Ich sparte mir die Mühe der Übersetzung, so sicher war ich mir, mit meinem Kreuz fast immer die richtige Antwort gefunden zu haben. Es war wie beim Ausfüllen eines Lottozettels: Mit jedem Kreuzchen wurde die Spannung etwas größer, und im Geiste sah ich uns schon bei der abendlichen Siegerehrung mit einem Pokal in den Händen auf dem Podest stehen. Wir hätten ihn eigentlich verdient, denn schon die Landung in Ryes empfanden wir als ein fliegerisches Meisterwerk. Hans setzte die schwere zweimotorige Maschine so exakt auf die kleine Wiese, die als Landeplatz diente, daß auch nicht ein Meter verschenkt wurde. Als wir ausstiegen, hatten wir beide unwillkürlich den gleichen Gedanken: »Wie kommen wir hier wieder heraus?«

Bevor wir lange darüber nachgrübeln konnten, wurden wir in ein Zelt geführt, in dem die Flugzeugbesatzungen bewirtet wurden. An einem großen Buffet waren alle Köstlichkeiten aufgebaut, welche die französische Küche zu bieten hat. Daneben stand ein Faß mit Rotwein und ein anderes mit Weißwein. Die Flieger, die vor uns gelandet waren, gaben sich bereits in bester Stimmung dem Essen und Trinken hin. Im Programm der Normandie-Rallye war dieses lukullische Mahl mit der bescheidenen Bezeichnung »BUFFET CAMPAGNARD« (Ländliches Buffet) angezeigt. Ganz unbegreiflich für uns war das Angebot an alkoholischen Getränken, obwohl die Rallye noch gar nicht zu Ende war.

Als Hans zum zweiten Mal einen Hummer holte, sagte ich: »Eß nicht so viel, wir sind so schon zu schwer für den Start.« »Wir können ruhig essen«, meinte er, »wir lassen Benzin ab.« Der Gedanke war einleuchtend. Für den Rest der Rallye brauchten wir höchstens noch 50 Liter Treibstoff. Durch diesen Trick wurde unser Startgewicht um 200 bis 300 Kilogramm geringer. Nun bekam auch ich Appetit und bediente mich ebenfalls reichlich am Buffet.

Die Teilnehmer aus allen Ländern suchten immer wieder das Gespräch mit uns als den einzigen deutschen Fliegern. Manche glaubten, daß wir ihnen während der Invasion als Gegner gegenüber gestanden seien. Als ich ihnen zu verstehen gab, daß ich zu diesem Zeitpunkt noch in Wien studierte, und daß mein Freund bei der Flak bayerische Städte gegen Luftangriffe schützte, da schienen sie fast ein wenig enttäuscht. Ein Engländer hätte sich gar zu gerne mit uns über die Kriegsfliegerei unterhalten. Auch ihm konnten wir nicht dienen, denn wir hatten unsere Flugscheine erst lange nach Kriegsende gemacht.

Wohlgestärkt machten wir uns auf zur letzten Etappe, den Rückflug nach Caen, und mit dem verringerten Gewicht ging der Start tatsächlich ohne jede Schwierigkeiten vor sich. Im Hotel konnten wir uns in aller Ruhe auf das große Galadinner mit Siegerehrung im Schloß Creully vorbereiten.

Der Festsaal des Schlosses erstrahlte im Kerzenschein, und auf dem Podium wurden die Siegerpokale präsentiert, auf deren blanken Metallflächen Hunderte von Kerzen ihr Licht reflektierten. Beim Aperitif, der im Stehen eingenommen wurde, versuchten wieder alle mit uns ins Gespräch zu kommen. Infolge des vielen Zuprosten merkte ich, wie mir der Alkohol langsam in den Kopf stieg, weshalb ich mich um so mehr auf das Essen freute. Aber darauf mußte ich noch lange warten, denn nun wurde erst einmal eine Serie von Reden losgelassen.

Was die vielen Redner mit der Rallye zu tun hatten, war mir nicht erklärlich. Jedes Mal, wenn ich dachte, es müsse endlich Schluß sein mit den vielen Ansprachen, stand schon wieder ein anderer Festredner am Pult. Es begann mit dem Präfekten, dem Unterpräfekten, dem Bürgermeister, dem Präsidenten der Industrie- und Handelskammer, den Förderern der Veranstaltung, den Vertretern der Nachbarstädte, den befreundeten Fliegerclubs und vielen anderen mehr, deren Bedeutung im umgekehrten Verhältnis zur Länge ihrer Rede stand. Ich fühlte mich unwillkürlich an ähnliche Veranstaltungen in Deutschland erinnert, bei denen sich möglichst viele Menschen zu profilieren versuchen. Der einzige Unterschied bestand darin, daß man die Langeweile mit Aperitifs und Gebäck überbrücken konnte.

Die Letzten werden die Ersten sein

Das anschließende Festessen war eine Belohnung für unsere Geduld, die wir bei den vielen Ansprachen unter Beweis gestellt hatten. Es war nicht nur das beste, sondern auch das längste Dinner, das wir seit langer Zeit mitgemacht hatten. Als der Nachtisch verzehrt war, ging es bereits auf Mitternacht zu, und das Preisgericht nahm endlich hinter dem Podium mit den Pokalen Platz. Während des Essens hatte ein Teilnehmer von uns wissen wollen, aus welchem Teil Deutschlands wir kämen. Als er den Namen Bayreuth hörte, war er ganz begeistert, weil er schon wiederholt bei den Festspielen weilte. Seiner Meinung nach waren wir die Mannschaft mit der größten Anflugentfernung, und auch hierfür gab es einen Preis. Meine Hoffnung, daß einer der glänzenden Pokale auch für uns bestimmt sein könnte, war wieder im Steigen.

Nach einigen netten Worten nahm unser Freund Quairé die Siegerehrung vor. Die ersten Mannschaften wurden aufgerufen, schnell wurden die Pokale auf dem Podium immer weniger, ohne daß wir zu den glücklichen Gewinnern gehörten. Der Preis für den weitesten Anflug ging an eine Mannschaft aus Aberdeen im nördlichen Schottland. Ihr Anflugweg war gerade drei Meilen länger als unserer . . .

Unser Interesse an der Preisverteilung ließ nunmehr schlagartig nach, die realen Chancen auf einen Pokalgewinn schienen erschöpft zu sein.

Als wir dann doch noch gebeten wurden, vor das Publikum zu treten, mußte der Vorsitzende gleich zweimal in den Saal rufen, weil wir damit schon längst nicht mehr gerechnet hatten. Unser Freund Quairé versetzte uns dann freilich in nicht gelindes Erstaunen: »Schon in der Bibel steht geschrieben: Die letzten werden die ersten sein. Unsere deutschen Freunde haben auf alle Fragen des Fragebogens eine falsche Antwort angekreuzt. Mathematisch gesehen ist dies fast so schwer, wie alle Fragen richtig zu beantworten. Da sie natürlich nicht so gut über die Einzelheiten der Ereignisse Bescheid wissen können wie wir, haben wir uns zur Stiftung eines Sonderpreises entschlossen, den ich Ihnen mit großer Freude überreiche.«

Am nächsten Tag flogen wir wieder nach Bayreuth zurück. Wie wir zu unserem Pokal kamen, haben wir niemand verraten.

Durch Gewitter
und Sturm . . .

„Kannst du morgen mit mir nach England fliegen?" erkundigte sich
Hans am Telefon. Mein Terminkalender für den nächsten Tag war
eigentlich voll. Als er aber ankündigte, daß er erst am Nachmittag
starten wolle, sagte ich schnell entschlossen zu.

Ich kam etwas verspätet zum Flugplatz, weil mich ein Kunde un-
erwartet lange aufgehalten hatte. Hans mahnte deshalb zur Eile:
„Der Flugplan läuft bereits, wir sollten schon lange in der Luft sein!"

Er war über meine Verspätung leicht verärgert, wie ich aus seiner
Geschäftigkeit schloß. Unsere Arbeitsteilung im Cockpit war im allgemeinen sehr einfach geregelt: Der eine flog und der andere navi-
gierte. Heute brauchte ich indes überhaupt nichts tun, weil Hans
beide Tätigkeiten allein übernommen hatte. Ich konnte es mir also
bequem machen und zum Fenster hinaussehen, wobei ich im Unter-
bewußtsein registrierte, daß er das Funkfeuer Hammelburg anflog.

Meine Frage, ob er geschäftlich in England zu tun habe, verneinte
er. „Ich hole meinen Sohn und seinen Freund ab. Andy war einige
Wochen bei einer Familie in Kent, um sein Englisch zu verbessern."
Dann gab mir Hans sein Flight-Log mit der lakonischen Anmerkung:
„Hier steht alles drin, was du für den Hinflug wissen mußt." Das war
eine Aufforderung an mich, die Navigation zu übernehmen. Seine
Flugvorbereitungen waren geradezu mustergültig. Er hatte alles pe-
nibel aufgelistet: die Luftstraßen, die Funk- und Navigationsfre-
quenzen, die Flugzeiten und den Zielflughafen mit der Bezeichnung
EGMT. Auf meine Nachfrage erfuhr ich, daß er Flugplatz südlich
von London liegt und eigentlich Maidstone heißt. Andys Gastfami-
lie wohnte nur 15 Kilometer davon entfernt. „Wenn wir ankom-
men, sind sie wahrscheinlich alle schon da, um uns zu begrüßen." Ich
konnte mir eine ironische Bemerkung nicht verkneifen: „Hoffentlich
machst du eine gute Landung, damit du von den vielen Zuschauern
Applaus bekommst."

Die Landung gelang tatsächlich ausgezeichnet. Aber es war weit
und breit niemand zu sehen, den wir kannten. Der Flugplatz war
nicht viel größer als das vertraute Areal am Bindlacher Berg. Die
Abfertigungshalle war gut zu übersehen. Andy war noch nicht zu

entdecken. Auf dem Weg zum Parkplatz vor dem Flughafen beobachteten wir nur wenige ankommende Autos, denen wildfremde
Menschen entstiegen. „Vielleicht haben auch die hier Verkehrs-
staus", meinte Hans trocken. „Und das noch bei Linksverkehr",
fügte ich an, „wir können froh sein, daß es wenigstens auf den Luftstraßen keine Stauungen gibt, sonst wäre unser Rückflug heute
abend gefährdet." Zu diesem Zeitpunkt ahnte ich noch nicht, daß unsere Rückkehr nach Bayreuth tatsächlich in Frage gestellt war.

Auf dem Kontrollturm gab ich unseren Flugplan nach Bayreuth
auf. Der englische Beamte erwies sich als ausgesprochen höflich. Er
schickte den Plan vor meinen Augen per Fernschreiben nach London mit den Worten: „I hope you get the approval still in time"
(„Ich hoffe, Sie bekommen die Genehmigung noch rechtzeitig").
Dieser Satz machte mich stutzig, und vorsichtshalber wollte ich mir
von ihm bestätigen lassen, daß unsere Abfluggenehmigung innerhalb einer Stunde eintreffen würde. „Das ist alles okay", klärte er
mich auf, „allerdings schließt unser Platz in 28 Minuten, pünktlich
um 19 Uhr Ortszeit." Damit hatte ich freilich nicht im Entferntesten
gerechnet.

In meiner Verzweiflung und im Vertrauen auf die sprichwörtliche
englische Höflichkeit verhandelte ich nochmals mit dem Turm, um
einige Minuten Zugabe zur offiziellen Sperrstunde zu erreichen. Das
Ergebnis meiner Bemühungen war mager: Nur fünf Minuten würden
uns zusätzlich zugebilligt, weil sonst die Flugplatzangestellten nicht
mehr die öffentlichen Verkehrsmittel zur Heimfahrt erreichen könnten. Unwillkürlich dachte ich an den englischen Grundsatz „My
home is my castle". Über dieses Phänomen hatte ja schon Heinrich
Heine in seinen „Reisebildern" philosophische Betrachtungen angestellt. Unser „home" lag zwar etwas weiter weg, doch wollten wir
unbedingt heute nacht in unseren eigenen Betten schlafen. Als ich
Hans, der noch mit dem Auftanken beschäftigt war, die Lage erklärte, sagte er nur bestätigend: „Hier übernachten wir nicht."

Inzwischen waren Andy und sein Freund eingetroffen – Zeit
18.48 Uhr. Der Flugplan war schon genehmigt, im Laufschritt ging's

zur Paß- und Zollkontrolle, und wir hatten nur noch den Wunsch: Nichts wie weg in die Luft . . .

Vom Kontinent herüber war gerade eine Chartermaschine gelandet. Vor dem einzigen Zollbeamten sahen wir zurückkehrende Urlauber in langer Reihe stehen, die alle geduldig auf ihre Abfertigung warteten. Vergeblich hielten wir Ausschau nach einem weiteren Zollbeamten, der für die Sperre in der entgegengesetzten Richtung zuständig war. Freundlich, aber bestimmt erklärte uns der einzige Zöllner, daß die wartende Menschenschlange schließlich schon vor uns dagewesen sei.

Unsere Hoffnungen, doch noch in unseren Bayreuther Betten zu schlafen, waren auf den Nullpunkt gesunken. Wir erlebten indes eine freudige Überraschung: Irgendein mitfühlender Mensch in der langen Reihe hatte unsere Verzweiflung bemerkt. Er sprach mit dem Zollbeamten, der uns daraufhin – o Wunder – wirklich durch die Sperre winkte. Uns blieb nicht einmal Zeit, um uns zu bedanken, so schnell mußten wir jetzt zum Flugzeug rennen. Genau um 19.04 konnten wir starten. Uns allen fiel ein Stein vom Herzen. Wir waren in der Luft und würden in drei Stunden in Bayreuth sein . . .

Nun hatten wir Zeit, den Flug zu genießen. In geringer Höhe überflogen wir den Ärmelkanal. Ich war vom starken Schiffsverkehr
überrascht. Als „Landratte" konnte ich bis dahin gerade ein Fracht-
schiff von einem Tanker unterscheiden. Nur die Autofähren, die ich
wiederholt schon benutzt hatte, waren mir vertraut. Mit der unter-
gehenden Sonne im Rücken waren die Schiffsbauten mit allen Einzelheiten aus der Vogelperspektive gut zu beobachten. Die ganze Viel-
falt der Wasserfahrzeuge breitete sich vor mir aus und damit auch
die breite Palette der Möglichkeiten, ohne Straßen und Schienen
Massengüter über große Entfernungen zu transportieren: Kohle,
Stahl, Baustoffe und Rohöl, aber auch Getreide, Lebensmittel und
hochwertige Industrieerzeugnisse in Containern. Vielleicht waren
auch Waffen dabei für junge Staaten der Dritten Welt, die dafür
wertvolle Rohstoffe in Zahlung gaben.

Jedes Schiff schien eigens für seine spezielle Fracht gebaut zu sein.
Die nördlich von uns liegende Themsemündung und die Länder an
der Nordsee waren wahrscheinlich das Ziel oder der Ausgangspunkt
dieses Schiffsverkehrs. Von den Matrosen beziehungsweise den
Schiffsbesatzungen war nichts zu sehen. Nur hin und wieder ließen
sich auf der Brücke oder auf dem Kommandostand ein oder zwei
Mann blicken. Bei dieser Verkehrsdichte stellte sicherlich die Radar-
überwachung die wichtigste Tätigkeit an Bord dar.

Auch wir widmeten uns von Zeit zu Zeit unserem Wetterradar,
nachdem sich über Holland und Belgien hohe Kumuluswolken aufgebaut hatten. Als wir unsere 14 000 Fuß (rund 4600 Meter) Reiseflughöhe erreicht hatten, sahen wir auf unserem Bildschirm die ersten Gewitter. Dieses Wetterradar war für mich ein technisches
Wunderwerk, mit dem ich gern spielte, wenn irgendwo ein Gewitter
einzufangen war. Im Augenblick entluden sich zwei Gewitter in 25
bis 30 Meilen Entfernung. Sie lagen etwas abseits von unserem Kurs
und waren somit kein Grund zur Beunruhigung.

Im Osten war es inzwischen finster geworden. Wir beobachteten,
wie sich das Wetterleuchten rasch verstärkte. Es bot sich ein herr-
liches Stimmungsbild mit einem Feuerwerk von Blitzen, die bald flä-

chig, bald langgestreckt und gezackt erschienen. Manche schlugen in die Erde ein, andere verliefen horizontal von Wolke und Wolke. Besonders fasziniert verfolgte ich einen Flächenblitz, der sich von einer Wolke aus nach oben bewegte. Solche Lichteffekte konnten nicht einmal die Beleuchtungsspezialisten im Bayreuther Festspielhaus hervorbringen.

Vom Donner war nichts zu hören, weil er vom Lärm der Motoren übertönt wurde, aber der wolkenbruchartige Regen prasselte auf die Frontscheiben und die leicht schwingenden Tragflächen. Bei der bengalischen Dauerbeleuchtung durch die Blitze stellten wir erstaunt fest, daß sich an den Vorderkanten der Tragflächen nichts von dem so gefürchteten Eisansatz zeigte. Allmählich wurde uns klar, daß wir es unmöglich mit örtlichen Wärmegewittern zu tun hatten. Wir flogen durch eine regelrechte Gewitterfront. Leichte Kursabweichungen zur Vermeidung der stärksten Turbulenzen wurden uns von der Flugsicherung sofort genehmigt.

Im Käfig des Herrn Faraday

Als wieder zwei Wolkentürme vor uns standen, machte Hans den Vorschlag: »Am besten fliegen wir zwischendurch.« Auch mir erschien dies zunächst gut möglich, doch dann kamen mir plötzlich Zweifel und ich riet Hans: »Nicht dazwischen durchfliegen – lieber unten durch!« Auf seine verwunderte Frage begründete ich meine Hypothese: »Die Blitze sausen zwischen beiden Gewittern hin und her und gehen deshalb gar nicht zur Erde, das habe ich genau beobachtet. Also: Unten durch!«

So flogen wir tatsächlich unten durch, vergaßen jedoch die Mitteilung an die Flugsicherung in Frankfurt, daß wir unsere zugeteilte Flughöhe verlassen hatten. Langsam wurde es ungemütlich, und als uns Andy fragte, ob Blitze auch im Flugzeug einschlagen könnten, verneinte ich es ein wenig zu schnell. Das Flugzeug, so fügte ich zur

Erklärung an, sei ebenso wie ein Auto elektrophysikalisch ein soge-
nannter Faradayscher Käfig, der Schutz bietet. Ganz wohl war mir
bei dieser Antwort nicht zumute, denn mich plagten nun selber
Zweifel. Den alten Faraday in Ehren, aber seine Versuchsbedingun-
gen unterschieden sich doch wesentlich von unseren derzeitigen
Umweltbedingungen. Nach meiner Erinnerung hatte Faraday mit
Körpern experimentiert, die kugelförmig waren oder wie ein Ellip-
soid geformt. Sie waren aus eng nebeneinanderliegenden Drähten
hergestellt. Wenn diese Gebilde unter Hochspannung gesetzt wurden, saß Herr Faraday selbst gar nicht in seinem Käfig – so wie wir.
Wahrscheinlich hatte er nur ein Meßinstrument im Inneren aufge-
stellt. Mit Blitzen hatte er überdiens keine Erfahrungen sammeln
können. Angesichts solcher Überlegungen kamen mir leise Zweifel
an den Grundlagen der modernen Physik und einer allzu rationellen
Denkweise.

Inzwischen hatte wir Belgien und Luxemburg überflogen und
nahmen Kurs auf Frankfurt. Bei diesem aufregenden Gewitterflug
war mir gar nicht aufgefallen, daß bei uns an Bord schon seit einiger
Zeit Funkstille herrschte, was freilich von Hans sehr wohl bemerkt
wurde. »Was ist denn auf einmal mit dem Bordfunk los? Spricht denn
niemand mehr auf dieser Frequenz?«

Wir dachten zunächst an einen Funkausfall. Von der Funkprobe
Frankfurt bekam ich indes die beruhigende Antwort: »I read you
five!« (Ich höre Sie fünf). Dieser Satz bedeutet im Klartext, daß die
Verständigung gar nicht besser sein konnte. Auf meine Frage nach
der Ursache für die auffällige Ruhe auf der Frequenz erfuhr ich von
der Flugsicherung, daß der Flughafen Frankfurt wegen starker Ge-
witterstürme geschlossen war. Kommentar von Hans: »Wir wollen
ja nur drüberfliegen und nicht landen!« Zur Ablenkung oder zur
Überwindung der Angst holte ich über Funk sämtliche Wettermeldungen ein, die ich bekommen konnte. Sie fielen für unser Zielgebiet
gar nicht so schlecht aus, wie ich befürchtet hatte. Nürnberg meldete
normalen Flugbetrieb mit aufkommenden Gewittern im Nordwe-
sten, und das Wetter in Bayreuth war geradezu ideal.

Bei Hammelburg war plötzlich der ganze Spuk vorbei: über uns ein sommerlicher Sternenhimmel, unter uns ein wolkenfreier Blick auf eine friedliche Landschaft, die vom matten Licht des Mondes beleuchtet wurde. So blieb es auch bis zu unserer Landung in Bayreuth. Zuhause wollte ich meiner Frau bei einer Brotzeit und einem Glas Wein über unseren Flug berichten. Aus ihren einsilbigen Antworten schloß ich, daß irgend etwas nicht in Ordnung war. Auf meine direkte Frage nach dem Grund ihrer Verstimmung sagte sie mir nur: »Heute ist unser Hochzeitstag!«

Am anderen Morgen rief mich Hans vom Bindlacher Berg aus an und bat mich, schnell hinaufzukommen. Als ich ihm zu verstehen gab, daß ich heute keine Lust zum Fliegen hätte, meinte er: »Darum geht es auch gar nicht, du sollst nur etwas anschauen.«

Bei meiner Ankunft stand das Flugzeug vor der Halle und wurde von einigen Piloten unseres Clubs von allen Seiten neugierig betrachtet. Hans deutete auf drei braune Flecken auf der Tragflächenhinterkante. Ich gab meine Theorie über ihre Herkunft zum besten: »Da hat jemand seine brennende Zigarette abgelegt und den ganzen Lack verbrannt.«

Er schüttelte nur den Kopf: »Diese Flecken stammen von Blitzeinschlägen.« Als er meine ungläubige Miene sah, ließ er mir von einem Fachmann den Sachverhalt genau erklären. Die Blitze hatten das Flugzeug mindestens dreimal getroffen. Ihr Weg war immer der gleiche: über die Propellerspitze durch die Motorgondel bis zur Tragflächenhinterkante, wo sie bei Verlassen der Zelle die Brandspuren in der Lackierung hinterließen.

Nachdenklich fuhr ich nach Bayreuth zurück. Da mir der Faradaysche Käfig nicht mehr sicher genug war, faßte ich den Entschluß, lieber nicht mehr bei Gewitter zu fliegen.

Vom Wässerchen getrübt . . .

Ein Freund aus Frankreich hatte uns begeistert von seinem Urlaub in Portugal erzählt. Wir beschlossen daher, unsere Ferien ebenfalls an der Algarveküste zu verbringen. Unsere Vorfreude auf die weiten Sandstrände und die vom Golfstrom erwärmten Atlantikwellen war groß. Als ich meiner Frau jedoch meine Absicht kundtat, die gesamte Strecke an einem Tag zurückzulegen (und zwar mit unserem kleinen, einmotorigen Flugzeug), wäre sie am liebsten daheim geblieben. Auch wenn sie keine Angst vor dem Fliegen hatte, so teilte sie meine Flugbegeisterung keineswegs . . .

Der Hinflug verlief ruhig und ohne jede Zwischenfälle. Einige Wärmegewitter bei Barcelona und nochmals bei Valencia waren verhältnismäßig leicht zu umfliegen. In Malaga mußte ich auftanken, und wir entschlossen uns, entgegen unserer Planung, zu einer Übernachtung. Am nächsten Morgen wollten wir ausgeruht die kurze Strecke bis zur Atlantikküste zurücklegen. Für meine Frau begann der Urlaub mit dem Hotelfrühstück, das sie lange und ausgiebig genoß. Daheim, so pflegte sie zu behaupten, könne sie wegen meiner Sonderwünsche nie in Ruhe frühstücken. Mich machte das lange Sitzen beim Morgenkaffee eher nervös, aber ich drängte sie nicht zur Eile. Als wir endlich weiterflogen, war ich fast ein wenig stolz auf meine Geduld und auf meine Toleranz – zwei meiner guten Eigenschaften, die ich im allgemeinen viel zu selten zeige.

Unsere alte »Moony« stieg wie eine Lerche in den blauen Morgenhimmel. Fröhlich singend, allerdings nicht ganz so melodisch wie eine Lerche, genoß ich die Freiheit der Lüfte. Ich hatte die Reiseflughöhe von 11 500 Fuß erreicht und betrachtete unter mir die herrliche spanische Landschaft, die mir noch ungewohnt war. Meiner gehobenen Stimmung entsprechend hätte ich gerne weiter gesungen, aber Hanna legte Protest ein, weil sie meine Töne als falsch empfand. Da ich den Tag mit viel Nachsicht begonnen hatte, übte ich mich weiter in dieser Tugend, schwieg und dachte nach.

Wenn ich ein Land überflog, das ich nicht kannte, kam mir zuerst seine Geschichte (oder zumindest das, was mir davon im Gedächtnis geblieben war) in den Sinn. Ich dachte an Phönizier, Griechen, Römer, Araber und an all die Völker, die in Andalusien schon einmal Fuß gefaßt hatten. Viele Baudenkmäler sprechen als kulturelle Hinterlassenschaft heute noch eindringlich zu uns. Der maurische Stil, den die Araber nach Spanien brachten, weckten in mir Erinnerungen an die Märchen von »Tausendundeiner Nacht«. Bis zum 13. Jahrhundert beherrschten die Araber das Land. Offenbar waren sie keine religiösen Fanatiker wie ihre heutigen Nachfahren, denn andere Religionen wurden von ihnen geduldet und nicht benachteiligt. Unter ihrer Regierung wurden weder Juden noch Christen verfolgt – welch ein Unterschied zum nachfolgenden Reich der »allerchristlichsten« Könige von Spanien! Ich überlegte mir, wie die Weltgeschichte wohl verlaufen wäre, wenn die Araber über Frankreich bis zu uns vorgedrungen wären, später vielleicht auch die Osmanen über Wien. Mein Gedankenausflug in die Historie wurde durch meine Frau gestört, die inzwischen unruhig auf ihrem Sitz hin- und herrutschte. Zunächst tat ich so, als ob ich ihre Unruhe gar nicht bemerkte, aber dann gab mir Hanna unmißverständlich zu verstehen, daß ich landen müsse: »Schau, daß du schleunigst einen Flugplatz findest!« Auf meine verwunderte Rückfrage antwortete sie knapp: »Weil ich ganz dringend muß!« Ich konnte mir den Vorwurf nicht verkneifen, daß der plötzliche Drang wohl vom vielen Kaffeetrinken beim Frühstück herrühre. Wahrscheinlich drückte ich mich noch etwas krasser aus, und offenbar warf ich ihr dies in einer Tonart hin, als würde ich einem notorischen Alkoholiker ernsthaft ins Gewissen reden. Sodann versuchte ich ihr zu erklären, daß die Flugplatzsuche und der anschließende Sinkflug genau so viel Zeit erforderten, wie der Weiterflug zum Zielflughafen Faro.

Am Horizont mußte bald Sevilla, die Hauptstadt Andalusiens, auftauchen, die über einen großen Flugplatz verfügte. Während ich noch mit mir kämpfte, ob ich landen oder weiterfliegen sollte, jammerte Hanna, daß sie es nun wirklich nicht mehr aushalte. »Dann nützt das Landen allerdings auch nichts mehr«, bemerkte ich. Mein Mitgefühl mit ihrer Qual brachte mich auf eine Idee: »Auf den Rücksitzen liegt eine Plastiktüte, versuch's doch damit!« Als sie immer noch zögerte, versuchte ich ihre Bedenken zu zerstreuen: »Wir fligen ganz ruhig oberhalb der Thermik. Das Flugzeug gleitet dahin wie ein Kahn auf einem Weiher, da muß es doch gehen!«

Schließlich nahm sie die Plastiktüte doch. Es dauerte sehr lange, bis sie Vollzug meldete. Doch dann gab es ein neues Problem: »Was jetzt? Soll ich die Tüte vielleicht bis zur Landung in der Hand halten?« Ich riet ihr, den Beutel mit einer Schnur zuzubinden und unter den Sitz zu legen. Doch eine Schnur ließ sich beim besten Willen nicht finden, nicht einmal ein Taschentuch oder ein Schnürsenkel.

Als ich Hanna wie ein Häufchen Elend dasitzen sah, entschloß ich mich zu einer anderen Entsorgungsstrategie: »Ich werde alles zum Fenster hinauswerfen.«

So einfach, wie ich dachte, war dies freilich nicht. Der Durchmesser des Plastikbeutels war größer als die Höhe des Schlechtwetterfensters. Deshalb konnte ich ihn nicht einfach durch das Fenster hinausschieben und fallen lassen. Alle Versuche, die unangenehme Last auf die Weise loszuwerden, erwiesen sich als vergeblich. Schließlich versuchte ich, den Beutel mit dem offenen Ende nach innen durchs Fenster zu drücken und ihn so lange zuzuhalten, bis ich ihn gefahrlos fallenlassen konnte. Schon glaubte ich das Problem gelöst und ließ erleichtert die Ladung los – platsch, da hatte ich plötzlich den ganzen Inhalt im Gesicht. Sogar die Plastiktüte wurde durch das Fenster wieder in das Flugzeug hineingedrückt. Noch nie in meinen Leben war ich so froh, Brillenträger zu sein. Die Brille wirkte wie ein Schutz beim Umgang mit gefährlichen Substanzen.

Die Stadt Sevilla, die jetzt unter uns lag, konnte ich trotz des schönen Wetters nur verschwommen sehen. Der Guadalquivir – ein Fluß, der mich schon in der Schulzeit von fernen Ländern träumen ließ –, war für mich nicht mehr zu erkennen. Statt an Kolumbus zu denken, hatte ich jetzt nur noch den Wunsch nach einer möglichst gründlichen Gesichtswäsche. Die Meereswellen taten ein übriges und spülten in den folgenden Wochen alle noch verbliebenen Reste weg. Es wurde ein sehr schöner Urlaub . . .

Abenteuer über den Pyrenäen

Die schönen Urlaubstage an der Algarveküste gingen zu Ende und
unser Rückflug, von mir sorgfältig vorbereitet, duldete keinen Auf-
schub mehr. Wir wählten die gleiche Route wie beim Hinflug, weil
wir mit ihr schon vertraut waren. Schon bald nach dem Start beobachtete ich mit Sorge, wie auf unserem Kurs die Wolken immer tiefer
hingen. Über Malaga, das wir fast schon erreicht hatten, tobte ein
heftiges Gewitter. Nordöstlich und südöstlich davon blitzte es
ebenfalls. Vergeblich suchte ich nach einem Ausweg, um das Mittelmeer zu erreichen – ich hatte kein Glück. Als die Berge der Sierra
Nevada immer näher rückten, machte ich kehrt und flog in südlicher
Richtung weiter. Aber auch der Versuch von dieser Seite blieb genauso erfolglos.

Als wir über dem Atlantik waren, schien wieder die Sonne. So entschloß ich mich zu einer dritten Variante. In einem großen Bogen
flog ich um Gibraltar herum nach Nordafrika, um dann von Marokko aus erneut Kurs auf das Mittelmeer zu nehmen. Je näher ich
meinem Ziel kam, desto drohender stand freilich die schwarze Wol-
kenwand wieder vor mir. Auch von Afrika aus war sie also nicht zu
umfliegen. Ich fand zwischen den Gewittern kein Loch zum Durchfliegen. Am stärksten blitzte es immer noch in der Richtung von
Malaga. Halblinks vor mir erkannte ich Gibraltar, und ich beschloß,
auf der Halbinsel zu landen. Meine Frau mußte mit der Maschine
zwei Vollkreise vollführen, weil ich erst noch die Anflugkarten aus
meinem Fliegerkoffer heraussuchen mußte. Hanna besaß zwar keinen Flugschein, aber sie hatte genug Flugstunden genommen, um im
Notfall sogar mit dem Flugzeug landen zu können. Trotzdem war sie
sichtlich erleichtert, als ich das Steuer wieder übernahm. Die Funkverbindung mit Gibraltar klappte gut, und ich erhielt sofort Anflug-
und Landeerlaubnis. Meine Anflugkarten brauchte ich gar nicht, weil
ich von den Engländern mit Radar bis zur Schwelle der Landebahn
geführt wurde – ein Service, der mir bei der schlechten Sicht sehr angenehm war. Die Landebahn war weit ins Mittelmeer hinausgebaut,
um für Militärflugzeuge die erforderliche Länge zu bekommen. Ich
hatte den Eindruck, auf einem Flugzeugträger gelandet zu sein, weil

ich nach der Landung links und rechts von mir nur Wasser sah. Als wir dann auf dem festen Boden der Halbinsel weiterrollten, bemerkte ich vor mir eine Straßenkreuzung auf der Landebahn. Zu meinem Erstaunen tauchten in einiger Entfernung auf beiden Seiten der Landebahn Schranken auf, hinter denen sich Autos stauten. Nachdem wir vorbeigerollt waren, gingen die Schranken hoch, und der Straßenverkehr bewegte sich wieder quer durch den Flugplatz. Wähnte ich mich vorher auf einem Flugzeugträger, so fühlte ich mich jetzt fast wie ein Lokomotivführer. Am Kontrollturm kam uns der englische Commander entgegen. Er begrüßte uns sehr freundlich und erkundigte sich nach unseren Wünschen. Für ihn war es ganz selbstverständlich, daß wir bei dem schlechten Wetter auf seinem Platz gelandet waren. Leider verfügte er über kein Flugbenzin für Verbrennungsmotoren. Wir mußten jedoch unbedingt mit vollen Tanks abfliegen, um bis nach Frankreich zu kommen. In der Gibraltarfrage gab es zwischen Spanien und England schon seit jeher Differenzen, zu unserem Leidwesen betrafen sie jetzt auch uns. Flugzeuge, die in Gibraltar starteten, durften in Spanien nicht landen. Aber unser gefälliger Commander wußte einen Ausweg. Er riet uns, über die Meerenge nach Tanger zu fliegen und dort aufzutanken. Sollte das Benzin unterwegs noch einmal knapp werden, könnten wir auf jedem spanischen Flughafen problemlos nachtanken. Wir kamen ja aus Marokko.

Wir dankten ihm sehr herzlich für seine Hilfsbereitschaft und entwarfen sogleich einen Flugplan nach Rabat. Leider wurde dieser jedoch von den Marokkanern nicht angenommen. Sie bestanden auf Einreisevisas. Diese für uns völlig überraschende Neuregelung stand im Zusammenhang mit den Olympischen Spielen in München, wo bei einem Bombenattentat 1972 im olympischen Dorf sechs israelische Sportler ums Leben gekommen waren. Aus Furcht vor israelischen Vergeltungsschlägen hatten die Araberstaaten kurzerhand die Visapflicht eingeführt.

Nun war guter Rat teuer. Wir mußten in Gibraltar übernachten. Ein Stadtrundgang ließ unsere Sorgen etwas in den Hintergrund rükken. Araber, dunkelhäutige Afrikaner und Spanier drängten sich durch die engen Gassen, in denen Engländer nicht auffielen. Im Straßenbild mischte sich die mediterrane und afrikanische Lebensweise unter englisch-kolonialer Tradition. Saubere Häuser mit vielen einladenden Geschäften verlockten uns zu einem ausgedehnten Ladenbummel, der uns den Affenfelsen ganz vergessen ließ. Wir entdeckten auffallend viele Juweliere, die ihre prächtigen Schmuckstücke und Goldwaren feilhielten. Gleichsam als Lohn der Angst erhielt meine Frau einen goldenen Armreif mit eingraviertem Datum.

Am anderen Tag gingen wir gleich nach dem Frühstück zum Flughafen. Der Commander begrüßte uns wie alte Freunde und führte uns zur Wetterstation, wo sich der Meteorologe auch durch meine vielen Fragen nicht aus der Ruhe bringen ließ. Er empfahl mir einen Rückflug über Portugal und Frankreich, weil ich bei dieser Streckenführung vorwiegend Rückenwind haben würde. Ich fing zu rechnen an und kam zum Ergebnis, daß ich mit dem restlichen Benzin und mit Hilfe des Rückenwindes bis nach Lissabon fliegen konnte. Sofern die Windvorhersage realistisch war, hatte ich sogar genug Sprit, um notfalls einen Ausweichflughafen zu erreichen. Die Entscheidung war gefallen, und der Flugplan nach Lissabon wurde aufgegeben.

Während wir auf die Bestätigung der Portugiesen warteten, erläuterte mir der Commander im Büro nochmals das genaue Abflugverfahren. Auch über dem Atlantik durften die spanischen Hoheitsgewässer nicht überflogen werden. Deshalb mußte man sich über dem Meer ziemlich weit nach Westen halten, bevor man den Nordkurs nach Lissabon aufnehmen konnte. Als ich dem Commander mein Flight-Log zeigte, in dem alles getreu seinen Empfehlungen aufgeschrieben war, machte er ein sehr zufriedenes Gesicht: »Wissen Sie, wenn ein Flugzeug hier abfliegt, lauern die Spanier förmlich darauf, daß sie uns Verletzungen ihres Luftraumes nachweisen können. Dies führt dann zu Protesten, Beschwerden und manchmal sogar zu diplomatischen Zwischenfällen.«

Vor dem Start nach Lissabon bedankten wir uns bei den freundlichen Engländern. Wir warfen nochmals einen Blick auf die geschlossenen Schranken mit den dahinter wartenden Kraftfahrzeugen, dann waren wir wieder in der Luft auf Westkurs — unter uns der Atlantik. Als wir an den spanischen Hoheitsgewässern vorbeigeflogen waren, gingen wir mit einer Rechtskurve auf Kurs Nordwest Richtung Lissabon. Gibraltar bedankte sich über Funk dafür, daß wir den spanischen Luftraum nicht verletzt hatten und wünschte uns zum Abschied einen guten Flug.

Vor Lissabon mußten wir lange kreisen, bis uns der Turm die Landeerlaubnis erteilte. Ich war schon mehrmals hier gelandet, aber ein solches Durcheinander wie dieses Mal hatte ich noch nie erlebt. Alles staute sich, nicht nur an der Landebahn beim An- und Abflug, sondern auch auf den Zurollbahnen standen die Flugzeuge Schlange. Was dieses Chaos ausgelöst haben konnte, war mir unerklärlich. Später erfuhr ich, daß die Flugsicherung offenbar Dienst nach Vorschrift machte — mit den beschriebenen Folgen. Wie bei jeder Zwischenlandung mußte ich die Wetterberatung in Anspruch nehmen, den Flugplan aufgeben und auftanken. Dieses Programm konnte in einer guten Stunde erledigt sein, so daß ich noch vor Einbruch der Nacht über die Pyrenäen kommen konnte. An diesem Tag wurde ich indes überall aufgehalten, und erst nach zwei Stunden konnte ich mich endlich startbereit melden. Die Rollgenehmigung bekam ich erst nach mehreren Anfragen, und bald saß ich wieder im Stau mehrerer Flugzeuge oder wartete vor einer Kreuzung der Zurollbahnen, um andere Flugzeuge vorbei zu lassen. Bis zum Start vergingen geschlagene drei Stunden, das bedeutete Nachtflug über die Pyrenäen nach Biarritz. Um meine Frau nicht übermäßig zu ängstigen, sagte ich ihr vorerst noch nichts vom bevorstehenden kleinen Abenteuer. Über Spanien, nordwestlich von Madrid, entspann sich dann folgender Dialog: »Wie lange müssen wir eigentlich noch fliegen? Es wird ja schon bald dunkel.« Ich erwiderte nur: »Du fliegst ja nicht zum ersten Mal in der Nacht.« »Aber nicht gerade über die Pyrenäen«, meinte sie. »Bei Nacht kann es Dir doch im Grunde egal sein, was unter dir liegt, sehen kannst Du ja ohnehin nichts, nicht einmal ein Licht auf der Erde, denn wir werden bald in die Wolken eintauchen.«

»Das auch noch!«, seufzte sie. Zu ihrer Beruhigung erklärte ich ihr, daß wir in einer Höhe über 5000 Meter fliegen würden. »Die höchsten Berggipfel sind etwas höher als 3000 Meter, wir haben also einen ausreichenden Sicherheitsabstand. Jenseits des Gebirges sind wir außerhalb der Stauzone und haben keine Wolken mehr, sondern nur klaren Sternenhimmel.« Meine Erklärung hatte sie offenbar nicht ganz überzeugt, denn sie sagte nur: »Geb's Gott, daß es wahr ist!«

Als es dunkel war, flogen wir schon in den Wolken, und zunächst ging alles planmäßig. Auch als die Funkverbindung mit der Flugsicherung in Madrid abriß, war ich noch keineswegs beunruhigt, weil dies in Spanien öfters vorkam. Etwas später stellte ich freilich verwundert fest, daß ich schon zweimal Gas nachschieben mußte, um meine angewiesene Flughöhe einzuhalten. Mißtrauisch leuchtete ich mit meiner Taschenlampe auf die Tragflächen. Der Schreck, der mir dabei in die Glieder fuhr, war so gewaltig, daß es sogar meine Frau bemerkte. Auf ihre Frage nach der Ursache sagte ich nur: »Tragflächenvereisung!« Innerlich war ich wütend auf den Meteorologen in Lissabon. Er hatte mir zwar den Stau an den Pyrenäen korrekt vorausgesagt, aber nichts von einer Vereisungsgefahr erwähnt. Dabei mußte er doch wissen, daß einmotorige Flugzeuge nicht mit Enteisungsanlagen ausgestattet waren.

Flugkapitän als Nothelfer

Die Gedanken schossen mir jetzt wie wild durch den Kopf: nur ruhig bleiben, nicht nervös werden, klar denken und überlegt handeln! Ein Umkehren kam nicht mehr in Frage. In konnte in dieser Situation nur versuchen, in geringerer Höhe zu fliegen. Vielleicht war in tieferen Gefilden die Vereisungsgefahr weniger stark ausgeprägt. Da Madrid nicht mehr hörte, bemühte ich mich um eine Genehmigung zum Sinkflug, aber auch diese Verbindung kam nicht zustande. Inzwischen flog ich bereits Vollgas und mußte nun auch ohne Genehmigung herunter. Während ich meine Höhe aufgab, teilte ich über Funk in regelmäßigen Abständen mit, was ich in meiner Notlage zu tun beabsichtigte. Falls noch andere Piloten unter mir auf dieser Luftstraße flogen, mußten sie mich unbedingt hören, und so konnte ein Zusammenstoß vermieden werden. Plötzlich meldete sich ein französisches Verkehrsflugzeug, das hinter mir in großer Höhe auf gleichem Kurs flog. Der Flugkapitän hatte meine immer wiederkehrenden Meldungen gehört und sie an die Flugsicherung in Madrid weitergegeben. Von ihm erfuhr ich, daß die Luftstraße unter mir frei sei, auch die französische Flugsicherung habe er unterrichtet. Als sich meine fliegende Relaisstation wieder meldete, gab mir der Kapitän den genauen Luftdruck zur Einstellung des Höhenmessers bekannt. Ich erhielt überdies die Genehmigung, auf Flugfläche 120 zu sinken, die bei der Flugsicherung für mich eingeholt worden war. Ich bedankte mich bei dem hilfsbereiten Franzosen, der in einer heiklen Situation so viel für uns getan hatte. Er hatte uns schon längst überholt und befand sich bereits in Frankreich. Während unserer Gespräche vernahm ich erleichtert ein wiederholtes Krachen auf den Tragflächen. Das Eis sprang jetzt von den Propellerspitzen — ein Zeichen, daß wir unterhalb der Gefahrenzone waren. Inzwischen klappte auch die Funkverbindung mit Biarritz, die Wolkendecke wurde dünner und löste sich schließlich ganz auf, wir flogen im Abwind einer warmen Föhnströmung. Hell erleuchtet lag unser Zielflugplatz vor uns, denn der Kontrollturm hatte die Landebahnbefeuerung auf höchste Intensität geschaltet, um uns den Anflug zu erleichtern.

Als wir wieder auf der Erde waren, gingen wir ins Flughafenrestaurant, das trotz später Stunde noch geöffnet hatte. Hanna behauptet heute noch, daß wir dort den besten Hummer unseres Lebens gegessen hätten.

Im Labyrinth
der Rätsel

Wer von uns auf den Gedanken kam, im Urlaub unsere Allgemein-
bildung etwas aufzufrischen, weiß ich nicht mehr. Wahrscheinlich
war es Helmut, der Kreta als Urlaubsziel vorschlug. Da er einen
Beinbruch auskurieren mußte, nahmen wir seinen Vorschlag ohne
weitere Diskussionen an. Leider konnte er sich mit seinem Gipsbein
nicht in das enge Cockpit der »Moony« hineinklemmen. Ich war daher gezwungen, mir einen anderen Copiloten zu suchen, den ich in
unserem Freund Wolf-Heinrich fand. Er hatte sowohl einen Flugschein als auch eine humanistische Bildung und war als Copilot ein
absolut verläßlicher Befehlsempfänger.

Da ich in der Schule weder Griechisch noch Latein gelernt hatte,
nahm ich an, daß die ehemaligen Absolventen des Gymnasiums
»Christian-Ernestinum« meine Kenntnisse der Antike bereichern
würden. Wolf-Heinrich und ich flogen drei Tage vor unseren Freunden weg, da wir in Athen einen Zwischenaufenthalt zum Besuch der
Akropolis eingeplant hatten. Bereits auf dem Bindlacher Berg, als wir
den Motor warmlaufen ließen, kamen wir in Urlaubsstimmung,
denn das Wetter war vorläufig noch gut. Im Mittelmeerraum stand
allerdings ein Tief, fast ortsfest über Süditalien, das mit seinen Re-
genfronten die Alpen bereits überschritten hatte.

Das schlechte Wetter kam uns also entgegen, leider noch schneller, als wir dachten, denn bereits vor Erreichen der Donau mußten
wir nach Instrumenten fliegen. Da wir es nicht wagten, die Alpen im
Blindflug zu überqueren, landeten wir in Graz und hofften auf eine
Wetterbesserung am anderen Tag. Wir erwachten bei grauem Himmel, aber dem Weiterflug nach Belgrad stand nichts mehr im Weg,
da der Meteorologe vom Dienst kein Veto einlegte. Der vor uns
liegende Streckenabschnitt war von mir schon so oft zurückgelegt
worden, daß er mir wie meine private Hausstrecke vorkam. Ich
überließ deshalb meinem Copiloten das Kommando, zur Stärkung
seines fliegerischen Selbstbewußtseins, damit er sich nicht wie mein
Handlanger im Cockpit fühlte. Den Weiterflug nach Athen übernahm ich wieder selbst. Die Flugbeschreibung, die mir Wolf-Heinrich lieferte, möchte ich meinen Lesern nicht vorenthalten:

»Trotz des schlechten Wetters entschloß sich mein Captain, sofort nach Athen weiterzufliegen. Ich war noch nie so lange durch die Wolken geflogen. Da ich sah, wie konzentriert er seine Instrumente beobachtete, wagte ich es nicht, ihn anzusprechen. Selbst als ich vor Kälte zitterte, schaltete ich nur ganz zaghaft die Heizung ein, um ihn nicht zu stören. Die rechte Tragfläche mit der grünen Begrenzungsleuchte war alles, was ich sehen konnte. An der Vorderkante war die Fläche ganz weiß, aber der Farbton war etwas heller als die weiße Farbe des Anstrichs. Plötzlich erschrak ich, denn ich sah Eis. Als ich diese Beobachtung meinem Captain meldete, sagte er nur: ,Wir haben schon seit 15 Minuten Flächenvereisung, aber bis zur Landung wird alles wieder abgeschmolzen sein, denn die Bodentemperatur beträgt 32 Grad Celsius.' Nach fast vier Stunden Flugzeit landeten wir bei einem so starken Regen, daß die Landebahnbefeuerung erst kurz vor der Platzgrenze zu erkennen war.«

Auf der Agora des antiken Athens

In der Plaka, dem alten Athen, fanden wir mit Hilfe unseres Taxifahrers eine preisgünstige Herberge, die wir jedem Luxushotel vorzogen. Am Abend, als es nicht mehr regnete, durchstreiften wir die malerischen, winkeligen Gäßchen und kamen bis zur Agora, dem Marktplatz der antiken Stadt. Die von Scheinwerfern beleuchtete Akropolis über uns, die wir mit einer Mischung aus Bewunderung und Ehrfurcht betrachteten, erschien uns wie eine Märchenbühne, und jeden Augenblick erwarten wir den Auftritt des Perikles. Was für eine Kulisse!

Der Anstieg vom Parkplatz zum Heiligtum, den wir am nächsten Morgen zurücklegten, war noch genau der gleiche, den früher die Priester, die Priesterinnen und das Volk nahmen, um der Göttin Athene ihre Opfergaben darzubringen. Einzelheiten über unseren Besuch auf der Akropolis zu berichten, hieße tatsächlich, »Eulen nach

Athen tragen«, denn darüber haben ungezählte Wissenschaftler und Kunstgeschichtler von Format geschrieben. Unter dem Eindruck der Tempelbauten, die nicht wie Ruinen, sondern eher wie ein Weltwunder auf uns wirkten, wurden wir schweigsam und nachdenklich.

Als wir am Parthenon ankamen, bewunderte Wolf-Heinrich die ästhetische Ausgeglichenheit dieses Tempels und die Schönheit der engen Säulenreihung, die er dem Stilgefühl der Griechen zuschrieb. Ich konnte ihm da nicht widersprechen, nur der Begriff der »engen Säulenreihung« störte mich. In der Baukunst aller Epochen ist ein Stil nie aus sich selbst entstanden, er wurde auch nicht aus einer Idee heraus geboren. Es war gerade umgekehrt: Am Anfang stand die Konstruktion, dann erst entwickelte sich Geisteshaltung, die in der Religion und in der Philosophie ihren Niederschlag fand. Die enge Säulenreihung der griechischen Tempel ergab sich ganz zwangsläufig, weil die über den Säulen aufgelegten Steine keine größeren Abstände überbrücken konnten.

Es waren die Römer, die den Bogen zu einem späteren Zeitpunkt erfanden oder ihn aus einem anderen Kulturkreis übernahmen. Sie waren gleichsam die Japaner der Antike und kopierten alle Innovationen. Sie entwickelten diese jedoch auch weiter, wenn sie erst einmal das System beherrschten. Beim Aufbau ihres Weltreiches kam ihnen diese Methode sehr zustatten.

Die vielen Gerüste auf dem Parthenonhügel störten manchmal unsere Empfindungen und Philosophien, doch wußten wir nur zu gut, daß sie unvermeidlich waren. Schließlich muß diese Anlage dauernd renoviert und ausgebessert werden, wenn sie nicht dem gänzlichen Verfall preisgegeben werden soll. Bei unseren Domen, beispielsweise in Bamberg, Regensburg oder im Straßburger Münster, ist es nicht anders. Zum Teil wurden hier sogar Bauhütten eingerichtet, die fast permanent mit der Erhaltung der wertvollen Bausubstanz ausgelastet sind. Ein nicht unwesentlicher Unterschied soll nicht verschwiegen werden: Hierzulande trägt der Steuerzahler diese immensen Kosten, während Griechenland die ganze Welt zur Hilfe ruft. Bevor andere Völker zur Kasse gebeten werden, sollten die Griechen auch selbst etwas zur Finanzierung beitragen. Reeder wie Onassis und Niarchos besitzen Milliardenvermögen, aber ich habe noch nie gehört, daß sie zur Erhaltung der Kulturdenkmäler etwas gespendet hätten. Auch die griechische Regierung könnte wichtige Voraussetzungen für eine dauerhafte Sanierung schaffen, wenn sie den Smog von Athen und die Abgase vom Hafen Piräus durch gezielte Maßnahmen verringern würde. Wie groß das Ausmaß der Umweltverschmutzung ist, konnten wir bei der Rückfahrt zum Flugplatz feststellen, der wegen des starken Luftverkehrs ebenfalls zu einer Dreckschleuder ersten Ranges geworden ist.

»Ich bin doch kein Selbstmörder«

Der Weiterflug Athen–Kreta wurde von meinem Copiloten so beschrieben: »Die Schwimmwesten hatten wir angelegt, das Schlauchboot lag griffbereit hinter uns, ganz oben auf den Koffern. Es war mit einer Schnur am Sitzrahmen befestigt und das Klappmesser zum Kappen der Schnur hatte ich in meiner rechten Hosentasche. Die Temperatur auf den Zurollbahnen des Athener Airports lag bei 33 Grad Celsius, aber in unserem Cockpit war es noch viel wärmer. Zwischen zwei großen Passagierjets standen wir endlich startbereit. Aber Ad startete auch dann noch nicht, als er vom Turm ausdrücklich zum Sofortstart aufgefordert wurde. Auf die Frage des Towers, warum die D-EDDN (dies war unser Rufzeichen im Sprechfunk) den Start verzögere, antwortete mein Captain ärgerlich: ›Ich bin doch kein Selbstmörder, um in die Verwirbelungen eines Großraumjets hineinzustarten!‹ Der Turm mußte für die nachfolgenden Maschinen eine Verzögerung von etwa drei Minuten in Kauf nehmen. Der Flug über das Meer erfolgte bei guter Sicht. Jedes Schiff wurde sorgfältig beobachtet, wobei wir Zeit, Fahrtrichtung, Größe, Geschwindigkeit und — wo möglich — auch die Identität feststellten. Iraklion meldete 30 Kilometer Seitenwind, als der Landeanflug bei tiefstehender

Sonne begann. Ich dachte, Ad wollte unsere zuverlässige Moony ins Wasser setzen, aber er machte eine gekonnte Ziellandung mit hängender Fläche auf der Landebahn. Der zweite Teil unserer Reise war geschafft.«

Unsere Freunde waren schon eingetroffen, und es gab ein frohes Wiedersehen im Hotel. Da unser Bildungshunger nach dem Besuch der Akropolis vorerst gestillt war, hatten wir weiter nichts im Sinn als Schwimmen und Faulenzen. Helmut mit seinem Gipsbein konnte freilich nur lesen, obwohl der behauptete, daß er damit ohne Schwierigkeiten auch ins Wasser gehen könne. Beim Anblick unserer ungläubigen Mienen lüftete er endlich sein Geheimnis: Die ständige Verzierung am gebrochenen »Haxn« war gar kein Gips, sondern Kunststoff – eine amerikanische Erfindung, mit der man angeblich auch schwimmen konnte. Helmut war als Arzt natürlich über jeden Zweifel erhaben. Daß er sich indes zu therapeutischen Selbstversuchen hergeben würde, hätte ich ihm nie zugetraut.

Von nun an stieg er ganz erheblich in meiner Achtung. Ich beobachtete ihn sehr genau, so wie er es zu tun pflegte, wenn ich als Patient bei ihm im Krankenhaus lag. Natürlich sind solche Selbstversuche immer sehr risikoreich, und ich merkte bald, daß diese Art der Behandlung nicht ganz wunschgemäß verlief. Seine Absicht, mit dem gebrochenen Bein im Meer zu schwimmen, erwies sich als undurchführbar: Das Salz, das sich unter seinem Kunststoffpanzer auf der Haut bildete, rief einen dauernden Juckreiz hervor, ich sah ihn daher immer nur im Süßwasserbecken des Hotelschwimmbades kreisen. Als Usch, seine Frau, einen Besuch in der Höhle des Zeus vorschlug, hatte ich Helmut heimlich im Verdacht, daß er uns absichtlich auf eine Bildungstour schicken wollte, weil er es nicht mehr ertragen konnte, wenn wir uns ausgelassen im Meer tummelten.

Von dieser Höhle und von der gesamten griechischen Mythologie hatten mir meine Freunde schon so viel erzählt, daß ich mir die Lektüre des Reiseführers ersparen konnte. Ich ahnte nichts von der Gefährlichkeit dieses Ausflugs und schloß mich ihnen leichtfertig an. Von Agios Nikolaos, unserem Urlaubsort, fuhren wir zur Lassithi-

Hochebene. Irgendwo an einem Parkplatz endete die Straße. Hier standen Führer mit Eseln bereit, um uns zu unserem Ziel zu bringen. Da ich noch nie auf einem Esel geritten war, fühlte ich mich auf dem Rücken dieses störrischen Tieres gar nicht wohl. Die Schwierigkeiten begannen damit, daß es mir nicht gelingen wollte, den Esel zu »starten«, denn ich konnte ja keine Hebel und Knöpfe bedienen, wie in meinem Flugzeug, sondern verfügte nur über einen Strick, der als Zügel diente. Unser Führer brachte das Tier schließlich doch in Bewegung, und es verfiel sogleich in einem leichten Trab.

In der Höhle des Zeus

Nach 20 Minuten wurde ich von meinen Qualen erlöst. Die Höhle des Zeus konnte indes mein Wohlbefinden auch nicht wiederherstellen. Vor uns sahen wir ein lehmig-braunes Loch mit einem glitschigen, steilen Pfad, der hinunter in die Kaverne führte. Was mußte Zeus für eine schwere Jugendzeit erlitten haben! Angesichts der Verfehlungen, die er sich später als Göttervater leistete, sollte man immer berücksichtigen, daß er sozusagen milieugeschädigt war. In diese Höhle brachte mich jedenfalls niemand hinein!

Während ich vor ihrem Eingang auf die Rückkehr meiner Freunde wartete, bemühte ich mich darum, zu meinem Esel ein besseres Verhältnis zu bekommen. Im Schatten eines Baumes setzte ich mich neben ihn, aber er verhielt sich so, als ob er mich nicht bemerken würde: Mit teilnahmslosem Blick schaute er stur geradeaus. Als wir einige Zeit später alle wieder auf unseren Eseln saßen, um zurück zum Parkplatz zu reiten, schienen die Tiere völlig verändert zu sein. Sie trabten schnurstracks an, verfielen sogleich in eine schnelle Gangart und brauchten keine Aufmunterung vom Führer. Erstaunlicherweise fanden sie sogar den Rückweg von selbst, obwohl dieser recht kurvenreich verlief und steil abwärts führte. Auf meinem unbequemen Sattel rutschte ich jetzt ganz nach vorne. Da ich befürch-

tete, vom Tier herunterzufallen, hielt ich mich mit beiden Händen an
seiner Mähne fest. Rechts von mir befand sich eine steile Böschung,
die gähnend tief ins Tal hinabreichte. Ich versuchte krampfhaft,
nicht hinab zu blicken, da mir ganz schwindlig geworden war vor
lauter Angst. Endlich kam der Parkplatz in Sicht, und alle Esel blieben
hier ohne jedes Kommando von selbst stehen und ließen uns abstei-
gen, bevor sie gefüttert wurden. Der Drang zum Futtertrog war es
also, der die Tiere zum Schnellgang veranlaßt hatte, ohne jede Bok-
kigkeit. Als ich im Auto saß, hatte ich das Gefühl, von einem Alp-
traum erwacht zu sein.

»Kreta ist ein Land im dunkelwogenden Meere, Fruchtbar und an-
mutsvoll und rings umflossen. Es wohnen Dort unzählige Men-

Gewirr von Mauern: Der Palast von Knossos

schen, und ihrer Städte sind neunzig, Völker von mancherlei Stamm und mancherlei Sprachen! Es wohnen Dort Archaier, Kydonen und eingeborene Kreter, Dorier, welche sich dreifach verteilet, und edle Pelasger. Ihrer Könige Stadt ist Knossos, wo Minos geherrscht hat.« (Aus Homers Odyssee, Neunzehnter Gesang).

Knossos war unser letztes Reiseziel. Schon Heinrich Schliemann wollte nach der Entdeckung Troyas in Knossos Grabungen durchführen, er wurde jedoch mit der türkischen Regierung über den Ankauf des Landes nicht handelseinig. Dies war die Chance des Engländers Arthur Evans, der viel Ähnlichkeit mit Schliemann hatte. Beide waren sehr vermögend. Der Deutsche war als Kaufmann zu Reichtum gekommen, während der Engländer sein Geld geerbt hatte. Als Archäologen waren sie gleichermaßen kompromißlos und von einem fanatischen Eifer beseelt.

Begünstigt durch die politischen Umstände, hat Evans das Palast-Labyrinth von Knossos freigelegt (nebenstehende Abbildung zeigt das Labyrinth). Die Deutungen, die er für sein gigantisches Werk fand, riefen jedoch bald Zweifel und Kritik hervor. Grabungen wurden um die Jahrhundertwende von keiner Regierung bezuschußt. Private Mäzene, die einen Amateur unterstützen konnten, gab es kaum. Die wenigen Hobby-Archäologen wie Schliemann und Evans hatten eine sehr genaue Vorstellung von dem, was sie suchten. Was immer sie fanden, wurde von ihnen so interpretiert, daß es mit ihren eigenen Theorien übereinstimmte.

Ilias und die Odyssee als Wegweiser

Bei ihren Vorhaben diente ihnen oft Homer mit seiner Ilias und seiner Odyssee als grober Wegweiser, denn in seinen sagenhaften Erzählungen steckte auch ein gewisser Wahrheitsgehalt. Evans wurde nach seinen verdienstvollen Ausgrabungen in Knossos geadelt. Die euphorische Stimmung, die seine Arbeit begleitete, ließ zunächst

jede Kritik verstummen. Wer die weiten Anlagen des ausgegrabenen Knossos betritt, sieht sich einem Gewirr von Mauern gegenüber, Gängen, Räumen, Schächten, propylänartigen Durchgängen, kleinen Treppenhäusern, großen Treppenanlagen, kleinen Durchlässen und Palastwegen, die nach einer Biegung zugemauert sind. Über mehrere Geschosse sind Irrwege angelegt. Das Labyrinth enspricht genau den Vorstellungen von Mintoaurus und Theseus. Der Faden der Ariadne war sicherlich sehr hilfreich, um sich hier nicht hoffnungslos zu verirren. Meine anfängliche Begeisterung legte sich rasch, als ich die von Evans aufgestellten Rekonstruktionen seiner Ausgrabungen sah. Die ursprünglich aus Holz und Stein errichteten Bauteile ließ er mit der ihm eigenen Unbekümmertheit in Beton nachbauen und farbig anstreichen.

Was dabei herauskam, kann ich nur als scheußlich empfinden. Die meisten der hier durchgelotsten Besucher scheint dies nicht zu stören; sie kommen, um die Ursprünge unserer abendländischen Kultur kennenzulernen. Doch was ist wahr an dem, was die Führer den Menschenmassen erzählen? Was ist Spekulation, was spielte sich wirklich vor 3500 Jahren auf der Insel Kreta ab und was ist heute noch beweisbar?

Bleiben wir bei der letzten Frage: Wir wissen nur, daß die Darstellung von Sir Evans nicht stimmt. Der deutsche Geologe Hans Günter Wunderlich, den ich gut kannte, hat alle Zweifel an der Theorie von Evans erbarmungslos erhärtet. Sein Buch mit dem Titel »Wohin der Stier Europa trug« habe ich immer wieder fasziniert gelesen. Auch Wunderlich konnte freilich die Geheimnisse Kretas nicht ergründen. Immerhin gab er wertvolle Hinweise und neue Denkanstöße: warum haben die minoischen Herrscher ihre Paläste ohne Fenster gebaut? Wie ist es zu erklären, daß sich die Thronsäle in den untersten Kellern befinden? Wo sind die Küchen oder Feuerstellen für den Hof und die Beamtenschaft? Warum sind keine Verteidigungsanlagen, keine Rüstkammern, keine Stallungen zu sehen? Wieso waren die Riesen-Pithoi, gewaltige Tongefäße von doppelten Manneshöhe, nicht zu kippen, um sie zu füllen oder zu entleeren?

Der Lilienprinz, der auf der nebenstehenden Abbildung gezeigt wird, ist kein Vorläufer des Jugendstils. Die wenigen Fragmente, die Evans fand, waren Teile des Oberkörpers mit dem abgewinkelten rechten Arm, vom linken Arm ein kurzes Bruchstück, vom linken Bein ein Teil des Schenkels und der Wade. Daraus hat die schöpferische Phantasie des Kunstmalers Gillérion um die Jahrhundertwende den minoischen Prinzen geschaffen, ganz im Jugendstil seiner Zeit.

Das Lebenswerk von Sir Arthur Evans soll durch diese Kritik nicht geschmälert werden. Zu bedenken ist, daß zu Beginn seiner Grabungen über die minoische Zeit war nichts bekannt war als die phantasievollen Berichte der griechischen Sage.

Der Tag in Knossos war einer unserer letzten Urlaubstage. Beim Heimflug nach Bayreuth über Kerkira, Neapel, Ajaccio, Nizza konnten wir uns kein besseres Wetter wünschen. Während des langen Fluges ließen uns die Gedanken an Kreta – mit all seinen Rätseln und Geheimnissen – nicht los.

Von aller
Welt abgeschnitten

Der Meteorologe an der Wetterwarte des Nürnberger Flughafens war ein alter Bekannter von mir. Er begrüßte meinen Freund und mich mit den Worten: »Na, wo fliegen denn die Bayreuther heute hin?« Ich erwiderte ihm, daß wir bloß nach Teneriffa wollten. »Aber machen Sie uns, bitteschön, ein gutes Wetter, denn wir fliegen mit einer Einmotorigen!« Ein Flugkapitän der Lufthansa, der uns beim Studieren seines Streckenwetters zugehört hatte, sah uns daraufhin erstaunt an. »Mit welcher Maschine fliegen Sie denn?«, wollte er von uns wissen. Ich verwies stolz auf meine Moony, die frischgewaschen, überholt und poliert außen auf dem Vorfeld stand und in der Morgensonne glänzte. Vom Fenster der Wetterwarte aus war sie gut zu sehen.

Der Lufthansapilot konnte sich bei ihrem Anblick eine spöttische Bemerkung nicht verkneifen: »Mehr als eine Zahnbürste und ein Ersatzhemd können Sie aber auf dieser kleinen Maschine nicht zuladen, wenn Sie wirklich alles an Bord haben, was bei einem Flug übers Meer vorgeschrieben ist. »Ich gab ihm recht, fügte jedoch hinzu, daß wir als genügsame Oberfranken auf Luxus und Komfort leicht verzichten könnten.

Der Meteorologe ging mit uns die neuesten Wettermeldungen durch und empfahl uns, in Frankreich eine weitere Beratung in Anspruch zu nehmen, da die Wetterentwicklung über Spanien angesichts der spärlichen Meldungen noch nicht eindeutig zu übersehen sei. In Perignan folgten wir seinem Rat und ließen uns von den Franzosen das Wetter für Spanien geben. Danach ging alles ganz glatt, und wir kamen an diesem Tag noch bis Malaga, wo wir in Flugplatznähe übernachteten.

Mein Fliegerfreund hieß Siegfried und war Seemann, genauer gesagt Schiffsingenieur. Eigentlich hatte er sich als ein »Allroundmann« bewährt: Er war nicht nur auf manchen Seelenverkäufern zur See gefahren, sondern hatte auch als Fabrikingenieur in der Industrie und als Baustellenleiter in Schwarzafrika gearbeitet. Siegfried war sehr kräftig, hatte zwei Hände so groß wie Brotteller und hätte damit wahrscheinlich ein Telefonbuch auseinanderreißen können wie »Seeteufel« Felix Graf Luckner, der berühmte Segelschiffkapitän. Wegen seiner seemännischen Erfahrung schien mir mein Copilot der richtige Partner für einen Flug übers Meer zu sein.

Die nächste Etappe führte uns über Casablanca nach Agadir, von wo wir über den Atlantik weiterzufliegen gedachten. Ich kannte zwar weiter südlich noch einen Flugplatz an der afrikanischen Westküste, der mir als Ausgangspunkt für den Flug über's Meer eigentlich lieber gewesen wäre. Dieser Landeplatz mit dem Namen Aajun liegt bereits in der spanischen Sahara. Von ihm aus hätten wir auf der kürzesten Strecke über dem Wasser die Kanarischen Inseln erreichen können. Leider galt jedoch diese Gegend als nicht sicher genug, denn eine Aufstandsbewegung, die sogenannte »Polisario«, war zu diesem Zeitpunkt sehr aktiv.

Nach dem Start in Malaga hatte ich eine kleine Meinungsverschiedenheit mit meinem Copiloten. Es begann damit, daß er dauernd auf mich einredete und mich ermahnte: »Du mußt schneller steigen, sonst kommen wir nicht über die vor uns liegenden Berge.« Ich machte ihm klar, daß diese noch zehn Meilen entfernt waren. »Außerdem sind sie bei weitem nicht so hoch, wie du denkst, schließlich sind es ja erst die Vorberge vom Atlasgebirge.« Es sei nur gut, daß er an alles gedacht habe, sagte er zu meiner Verwunderung. Als ich ihn um eine Erklärung bat, hielt er mir ein »Merkblatt über Notlandungen im Gebirge« vor die Nase, ein gelbes Blatt Papier. »Da steht alles genau drin, wie man sich verhalten muß.« Etwas ärgerlich wollte ich von ihm wissen, was ich denn mit diesem »Schmarrn« anfangen solle. Seine Antwort: »Nur für den Fall, daß du doch nicht drüber kommst . . .« Er habe, so fuhr er mit einem Anflug von Stolz fort, auch noch ein Merkblatt für Notlandungen in der Wüste dabei und sogar eines für Notwasserungen. Diese Mitteilung löste bei mir puren Sarkasmus aus: »Heb' sie nur gut auf«, riet ich ihm, »vielleicht brauchen wir einmal dringend Klopapier, wenn wir vor Angst in die Hose machen.«

Nach dieser Bemerkung war Siegfried sichtlich beleidigt, denn er sprach vorerst kein Wort mehr mit mir. In der Pause, die dadurch zwangsläufig entstand, hing ich – wie gewohnt – geschichtlichen Erinnerungen nach. Solche Gedanken drängten sich mir immer dann auf, wenn ich ein fremdes Land überflog. Hannibal kam mir in den Sinn, der als karthagischer Feldherr tief unter mir mit seinen Elefanten am Atlasgebirge entlang gezogen war, um auf dem Landweg Rom zu erreichen. Staunend registrierte ich, daß die Erde überall mit frischem Grün bedeckt war. Die Wüste hatte ich mir anders vorgestellt. Es war März, offensichtlich eine Jahreszeit, die etwas Vegetation ermöglichte, bevor sich später alles in braune Monotonie verwandeln würde. Hier konnten Hannibals Elefanten Nahrung finden.

Bei dem Zauberwort Casablanca dachte ich unwillkürlich an den großartigen »Kultfilm« mit Humphrey Bogart und Ingrid Bergmann, an Krimis, Spionage- und Agententhriller, die sich in dieser geheimnisvollen nordafrikanischen Stadt abspielten.

Antoine de Saint-Exupéry landete bei seinen ersten Postflügen nach Südamerika in Agadir oder Casablanca. In seinem literarischen Werk werden nicht nur Abenteuer und Spannung dieser Flüge spürbar. Saint-Exupéry äußert sich darin auch als Philosoph und Dichter von hohem Rang, und ich folgte jetzt ein klein wenig seinen Spuren. Seine tiefgründigen Betrachtungen und Meditationen konnte ich allerdings auf meinem Flug nicht nachvollziehen, weil mein verstummter Copilot Siegfried nun doch wieder zu reden anfing, als wir uns Casablanca näherten. Er wollte mich darauf aufmerksam machen, daß vor uns – fast am Horizont – der angestrebte Flugplatz liege. Da ich den Platz ebenfalls sah, hatte ich keinen Grund zum Widerspruch und flog darauf zu.

Wenige Minuten vor der Landung nahm ich Funkkontakt auf und erhielt sofort Landeerlaubnis. Als ich schon fast am Aufsetzen war, bemerkte ich, daß die Landebahn eine ganz andere Richtung hatte, als mir angegeben war. Unverzüglich startete ich durch, denn dies konnte unmöglich unser Ziel sein. Im Sprechfunkverkehr, der sich anschließend ergab, ertönte plötzlich eine Stimme in deutscher Sprache: »Ihr Hirschen, sieben Meilen weiter östlich ist der richtige Platz, unter euch ist ein Militärplatz!« Diese herzhafte Orientierungshilfe kam von einer Lufthansa-Maschine. Der Pilot der deutschen Maschine meldete sich nochmals bei mir: »Seid ihr nicht die beiden, die von Nürnberg nach Teneriffa fliegen wollten?« Als ich diese Frage kleinlaut bejahte, meinte er süffisant: »Wenn ihr die Kanarischen Inseln auch so falsch anfliegt, kommt ihr nach Südamerika – viel Glück!« Es war tatsächlich unser Flugkapitän, den wir in Nürnberg bei der Flugwetterwarte getroffen hatten. Er befand sich hoch über uns auf dem Rückflug nach Deutschland.

Wir hatten inzwischen den richtigen Flugplatz erreicht. Ich gab den Flugplan nach Agadir auf, und Siegfried rollte derweil mit dem Flugzeug zum Tanken. Als ich nach einer Stunde zurückkam, hielt er sich immer noch an der Tankstelle auf. Etwas verärgert fragte ich, was er denn hier so lange treibe. Mit leichter Verzweiflung rief er aus: »Schau dir das an!« Mit einer Handpumpe wurde das Benzin in einen Glaszylinder gepumpt, der ganze fünf Liter faßte und dessen Inhalt dann in den Flugzeugtank abgelassen wurde. Ich erinnerte mich daran, daß die ersten deutschen Tankstellen aus der Frühphase der Motorisierung genauso konstruiert waren. Immer wenn der Tankwart fünf Liter herausgepumpt hatte, schrieb er den Preis dieser Füllung auf ein Blatt Papier. Dann begann ein langsames Rechnen. Nach einiger Zeit kam ich dahinter: Der Mann konnte nicht multiplizieren und mußte daher den Preis von jeweils fünf Litern immer wieder neu dazuaddieren. Als die mühselige Prozedur endlich abgeschlossen war und es ans Bezahlen ging, rief der Tankwart einen Kollegen zur Hilfe, der offenbar besser rechnen konnte. Der mußte nochmals alles überprüfen, was wider Erwarten sehr schnell ging, weil er die Kunst des Multiplizierens beherrschte.

Der Weiterflug nach Agadir führte uns an den Bergen des Hohen Atlas vorbei. Diese Hochgebirgslandschaft ohne Wald sah ganz anders aus, als ich mir Afrika mit der Wüste Sahara vorgestellt hatte. Mein Copilot hatte sich inzwischen an die Berge gewöhnt, vielleicht weil ich ihm erklärt hatte, daß ich erst kurz vor der Küste über die Berge fliegen würde, weil sie dort viel niedriger seien.

Agadir war vor einigen Jahren von einem Erdbeben vollkommen zerstört worden. Es gab Hunderte von Todesopfern. Bayreuther Bekannte, die dort ihren Urlaub verlebten, kamen durch eine Reihe von Zufällen lebend aus diesem Inferno heraus. Ich hatte damals alle Berichte darüber verfolgt. Der Sultan von Marokko versprach, die Stadt an einer anderen Stelle größer und schöner wieder aufzubauen. Für die Hinterbliebenen der Erdbebenopfer war dies kein Trost, und die Regierenden bewiesen durch leere Reden ihre Ahnungslosigkeit. Agadir entstand an gleicher Stelle neu – und es wäre auch zwecklos gewesen, die Stadt an einem anderen Standort zu errichten, weil man einem Erdbebengebiet nicht entfliehen kann.

Durch die Bewegungen zwischen der afrikanischen und eurasischen Platte entstehen Bereiche mit großer Erdbebenhäufigkeit. Eine solche Zone dehnt sich von Nordafrika durch das östliche Mittelmeer über die Türkei bis nach Indien aus. Das große Erdbeben, das im Jahre 1755 Lissabon zerstörte, war ebenfalls auf diese Plattentektonik zurückzuführen. Natürlich hat der Mensch aus diesen Katastrophen auch Lehren gezogen. – So haben wir beispielsweise bei Planungen für die U-Bahn von Algier vielfältige Untersuchungen angestellt, um sie weitgehendst erdbebensicher zu machen. Während dieses Ziel bei den Tunnelröhren einigermaßen erreicht wurde, traten bei den Bahnhöfen mit ihren Ausgängen zur Erdoberfläche erhebliche Schwierigkeiten auf.

Nach der Landung in Agadir hatte ich keine Zeit mehr, über Erdbeben nachzudenken. Der 760 Kilometer lange Flug über den Atlantik erforderte nochmals eine genaue Überprüfung des Flugzeugs und der Ausrüstung. Als erstes untersuchte ich die aufblasbare Rettungsinsel. Die Treibgasflaschen waren richtig angeschlossen, die Mundstücke (falls wir sie mit dem Mund aufblasen mußten) wurden auf ihre Gängigkeit überprüft. Sodann wurden Paddel, Signalmunition, Antihaifischpulver und ein Notsender in der richtigen Reihenfolge verstaut. Wir legten unsere Rettungsinsel wieder sehr sorgfältig zusammen und plazierten sie so, daß wir sie im Falle einer Notwasserung leicht aus dem Flugzeug herausnehmen konnten. Mit einer Nylonschnur wurde die »Insel« im Flugzeug angebunden, damit sie nicht vom Wind davongeweht werden konnte. Jeder von uns führte ein scharfes Taschenmesser mit sich, um gegebenenfalls die Schnur abzuschneiden, wenn wir an Bord unserer Rettungsinsel waren.

Agadir – neu und monoton

Das neu aufgebaute Agadir hätte von seiner Optik her auch in Florida liegen können. Diesen Eindruck gewannen wir bei der Fahrt zum Hotel. Die frühere Romantik war aus der Stadt entschwunden. Viele Einfamilienhäuser unter Palmen, dazwischen einmal ein Swimmingpool als Statussymbol eines reichen Besitzers, reihten sich zu einer sterilen Siedlung ohne organisch gewachsenen Mittelpunkt aneinander. Die Gleichförmigkeit und Monotonie dieser modernen Stadt drückten auf Gemüt und Stimmung, so daß ich froh war, hier nur eine Nacht verbringen zu müssen. Es fiel uns nicht schwer, am anderen Tag in aller Frühe wieder zum Flugplatz zu fahren, um die Formalitäten vor dem Abflug zu erledigen. Bei Flügen über dem Wasser, auch bei kürzeren Strecken über dem Mittelmeer, brach ich gerne zeitig auf, um den größten Teil des Tages noch vor mir zu haben. Dabei spielte auch die Überlegung eine Rolle, daß ich im Falle einer Notwasserung noch vor Einbruch der Nacht von Suchtrupps gefunden werden konnte.

Vor dem Abflug wurde ich mit zwei unangenehmen Überraschungen konfrontiert: Auf den Kanarischen Inseln regnete es (das kam vermutlich nur an zwei oder drei Tagen des Jahres vor), und in Agadir war das Funkfeuer ausgefallen. Auf ihm war unsere gesamte Funknavigation (VOR) für den Abflug aufgebaut. Wir mußten uns also bei einem Großteil der vor uns liegenden Strecke nach dem Kompaß orientieren, und wir waren nicht in der Lage, die genaue Abdrift durch den starken Wind zu erfliegen. Wieder dachte ich an unseren Lufthansa-Kapitän: Er hatte uns den Rat gegeben, genau zu navigieren, um nicht auf dem Flug nach Südamerika abzusaufen. Was er beiläufig im Spaß gesagt hatte, bekam nun einen etwas ernsteren Beigeschmack. Wir legten unsere Schwimmwesten an und starteten, um möglichst schnell die Angst zu überwinden.

Anfangs verlief alles ganz gut. Wir empfanden es als beruhigend, hie und da ein Schiff zu sehen, das wir notfalls im Gleitflug erreichen konnten. Inzwischen hatten wir über uns eine geschlossene Wolkendecke, und die Wellen unter uns bildeten weiße Schaumkronen. Ich fragte Siegfried, ob er aus dem Wellengang auf die Windstärke schließen könne. »Ich schätze 5 bis 6«, antwortete er, ohne zu zögern. Ich war nun doch besorgt. »Bei so einem Wind könnte man wahrscheinlich nicht mehr notwassern, oder was meinst du?« Zu meiner Überraschung sah er noch eine Möglichkeit: »Wenn man die Wellen geschickt anfliegt, müßte es gehen.« Als ich daraufhin Näheres von ihm wissen wollte, meinte er entwaffnend: »Das stand alles auf dem gelben Merkblatt für Notwasserungen, über das du dich so lustig gemacht hast.«

»Und wo ist der Zettel jetzt?« wollte ich wissen. Siegfried: »Den Schmarrn, wie du die Merkblätter nanntest, habe ich längst weggeworfen.« Nach einer nachdenklichen Pause räumte ich kleinlaut ein: »Schade um den Zettel, vielleicht hätte ich ihn doch lesen sollen. Übrigens fliegen wir jetzt schon eine Viertelstunde, ohne auch nur ein einziges Schiff bemerkt zu haben. Ist dir das noch nicht auch aufgefallen?«

Siegfried bestätigte es. »Aber du wirst jetzt ohnehin nicht mehr viele Schiffe sehen.« Er klärte mich auf, daß sich die Schiffe auf der Fahrt von Europa nach Süden ebenso wie auf der umgekehrten Route nahe der afrikanischen Küste hielten, weil dies der kürzere Verbindungsweg sei. Von nun an würden wir allenfalls ein paar Fischerboote zu Gesicht bekommen, was aber bei diesem Seegang eher unwahrscheinlich sei.

Als ich zur Sicherheit eine Peilung (QDM) von Agadir haben wollte, mußte ich feststellen, daß ein Funkempfang nicht mehr möglich war. Es gab dafür eine natürliche Erklärung: Da wir unter den Wolken flogen, machte sich die Erdkrümmung sehr bald bemerkbar, unser UKW-Empfang fiel aus. Ein Versuch, mit Teneriffa Verbindung aufzunehmen, scheiterte aus dem gleichen Grund. Nun waren wir also völlig von der Außenwelt abgeschnitten, obwohl wir noch nicht einmal die Hälfte der Gesamtstrecke zurückgelegt hatten. Sehr wohl war es mir nicht in meiner Haut. Ich beobachtete alle Instrumente und Anzeigen noch sorgfältiger als gewöhnlich. Nach einigen Minuten kam es mir so vor, als liefe der Motor unregelmäßig. Daraufhin versuchte ich, die Gemischregulierung genauer einzustellen, was indes Siegfried zu irritieren schien.

»Hörst du denn nicht«, rief ich ihm zu, »der Motor geht unregelmäßig!« Trocken erwiderte er: »Aber erst, seitdem du dauernd mit der Gemischregulierung herumspielst, vorher ging er tadellos. Wahrscheinlich leidest du unter Halluzinationen.« Ich schwieg und fiel wieder in eine nachdenkliche Phase. Was war eigentlich meine Motivation für diesen Flug? Wollte ich meinen Mut beweisen oder gar damit angeben? Oder wollte ich auf diese Weise nur meine Angst überwinden? Vielleicht handelte ich auch, ohne viel darüber nachgedacht zu haben. Eine befriedigende Antwort auf diese Fragen fand ich nicht.

Plötzlich unterbrach mich Siegfried mit dem Ruf: »Ich sehe Fleisch!« Diesen Ausdruck benutzte er immer dann, wenn er ein Schiff entdeckte. Ich habe ihn nie gefragt, woher er diese Redewendung hatte. Nun sah ich es auch: ein größeres Schiff, fast genau vor uns auf unserem Kurs. Beim Überflug drückte ich die Stoppuhr. So konnte ich bei einem eventuellen Motorausfall anhand der gestoppten Zeit feststellen, ob ich das Schiff noch im Gleitflug ohne Motorkraft wieder erreichen konnte. Selbst wenn dies nicht mehr möglich war, bestand noch eine geringe Chance, daß man uns im Wasser finden würde, da der Dampfer fast den gleichen Kurs hatte wie wir.

Ich weiß nicht mehr, wie lange wir so flogen – ohne Funkverbindung mit Afrika oder Teneriffa. Mir erschien es jedenfalls als eine Ewigkeit. Dann schaute ich gebannt auf eine Navigationsanzeige am Armaturenbrett: Ein Zeiger bewegte sich, drehte sich dann mehrmals um 360 Grad, um schließlich im oberen Teil der Anzeigenskala hin und her zu schwanken. Dies bedeutete, daß es nicht mehr lange dauern konnte, bis wir eine sichere Anzeige für unsere Funknavigation nach Teneriffa bekommen würden. Drei Minuten später stand der Zeiger tatsächlich unverrückbar fest. Wir lagen richtig auf unserem Kurs. Diese Navigationshilfe, ein Radiokompaß, arbeitete im Mittelwellenbereich, wo der Einfluß der Erdkrümmung nicht so groß war wie im UKW-Bereich. Nach und nach registrierten wir auf allen Instrumenten der Funknavigation wieder vernünftige Anzeigen, und zuletzt kam auch eine Sprechfunkverbindung mit Teneriffa zustande. Wir landeten bei Regen und starkem Seitenwind. So hatten wir uns die Kanarischen Inseln nicht vorgestellt.

Ärger
mit Diplomaten

Heute weiß ich nicht mehr genau, was uns dazu bewogen hat, einen Flug über drei verschiedene Kontinente zu planen. Wahrscheinlich ging es auf eine Idee unseres Freundes Hans zurück, denn er war schon seit Wochen damit beschäftigt, alle notwendigen Einreisevisen und Überfluggenehmigungen zu besorgen – und was sonst noch erforderlich war. Der Flug sollte vom Bindlacher Berg nach Ankara, Teheran und in den südlichen Teil des Irans führen. Nach einigen Tagen Aufenthalt in Persien wollten wir die arabische Halbinsel überfliegen, um über den Sudan, Ägypten und Griechenland wieder nach Bayreuth zurückzukehren. Man kann sich lebhaft vorstellen, mit welchem Papierkrieg ein solches Unternehmen verbunden war, zumal bei Staaten des Nahen Orients. Wir nutzten die lange Wartezeit, um unsere Kenntnisse über Geschichte und Kultur der vielen Völker, die wir auf unserem langen Flug besuchten, zu vertiefen. Das hatten wir sehr nötig, da Werner, unser Orientexperte, leider nicht mitfliegen konnte.

Nach wochenlangen Schreibereien hatte Hans alle notwendigen Papiere und Genehmigungen beisammen. So konnten wir frohen Mutes die Maschine besteigen und uns auf das freuen, was vor uns lag. Wir waren drei Flieger: Hans, Ekke und ich. Keiner von uns zweifelte an dem planmäßigen Verlauf unseres Fluges. Das erste Tagesziel das wir erreichen wollten war Ankara nach einem Zwischenaufenthalt zum Tanken in Belgrad. Beim Landeanflug auf Belgrad schaute uns Ekke, der hinter uns saß, genau auf die Finger. Die Art seiner Anteilnahme war mir etwas unangenehm: »Du traust uns wohl keinen anständigen Blindflug zu?«

Noch bevor er antworten konnte, klärte mich Hans mit folgender Geschichte über den Hintergrund auf: »Du darfst ihm das nicht übelnehmen, beim Anflug auf Belgrad hat er immer Muffensausen. Die waren doch einmal mit mehreren Flugzeugen hier, dabei ist eine Maschine durch ein militärisches Sperrgebiet geflogen. Die Besatzung wurde nach der Landung sofort wegen Spionage verhaftet.« Obwohl Ekke an dieser Übertretung nicht beteiligt gewesen sei, habe auch er Schwierigkeiten bekommen. Es habe lange gedauert, bis die

Verhafteten wieder frei gewesen seien. »Verständlich, daß man das nicht so schnell vergißt!«

Landung, Auftanken, Genehmigung des Flugplans und erneuter Start – das alles bewältigten wir in einer Stunde dank unserer Arbeitsteilung. Erstaunlich war es für mich, daß das kommunistische Bulgarien unseren Flugplan ohne Verzögerung sofort absegnete. Hans hatte allerdings die Überfluggenehmigung für das damalige Ostblockland schon Tage zuvor von Bayreuth aus beantragt und auch erhalten. In den arabischen Ländern waren solche Genehmigungen oft nur mit großen Schwierigkeiten zu bekommen.

Nun war ich gespannt darauf, Bulgarien (es war mir aus meiner Kriegszeit noch in guter Erinnerung) wenigstens von oben zu sehen. Früher, als ich dachte, tauchten wir indes in die Wolken ein, so daß ich keine Eindrücke von dem Land mitnahm. Der Sprechfunk mit Sofia war so nachhaltig gestört, daß wir nur mit Mühe die Flugsicherung verstehen konnten, obwohl die Controller ein gutes Englisch sprachen, und unsere Entfernung von Sofia keineswegs groß war. Je weiter wir uns entfernten, desto schlechter wurde der Empfang. Über dem Schwarzen Meer verstanden wir gar nichts mehr. Ich gab alle erforderlichen Meldungen durch, weil ich annahm, daß uns die Bulgaren besser empfangen würden, als wir sie.

Sehen konnten wir immer noch nichts, dafür regnete und blitzte es. Hans bat mich, es doch einmal mit Ankara zu versuchen. »Da wird's auch nicht besser sein«, vermutete ich, »das ist ja noch viel weiter weg.« Ich probierte es trotzdem, und zu unserer Überraschung bekam ich eine störungsfreie Funkverbindung. Ekke hatte hierfür eine politische Begründung: »Da sehen wir wieder einmal den technischen Fortschritt der Kommunisten. Sie schicken bemannte Raumkapseln in die Erdumlaufbahn, aber sie schaffen es nicht, eine gute Funkstation für den Flugfunk einzurichten.« Ich machte ihm klar, daß er Bulgaren und Russen nicht so ohne weiteres in einen Topf werfen dürfe. Schließlich läßt sich die Sowjetunion jede technische Lieferung teuer bezahlen, auch von seinen armen kommunistischen »Bruderländern« wie Bulgarien.

Die Türkei zeigte sich von ihrer freundlichsten Seite. Schon nach der Landung auf dem Flugplatz von Ankara wurden wir von allen Beamten und Funktionären auf die zuvorkommendste Weise unterstützt. Die Zöllner wünschten uns einen schönen Aufenthalt, ohne auch nur einen Blick auf unser Gepäck zu werfen. Der Taxifahrer war höflich und dienstbeflissen, kümmerte sich um unser Gepäck und setzte uns nach einer rasanten Fahrt im Hotel ab.

Im Reich der Hethiter

Bei strömendem Regen fuhren wir am nächsten Tag zur Stadt Boghazköy, die im Hethiterreich unter dem Namen Hattusa bekannt war. Das ausgedehnte Ausgrabungsgebiet hatte ich mir als Ruinengelände, ähnlich wie Pompeji, vorgestellt, aber außer den Grundmauern der Stadtanlage ließ sich nicht mehr viel erkennen. Eine Ausnahme stellten die Reste des Löwentores dar. Nach meiner Beobach-

tung war es nachträglich vergrößert worden, indem man es teilweise mit ausgegrabenen Steinen ergänzt hatte, die jedoch nicht immer richtig zueinander paßten. Über diese historisch falsche Rekonstruktion dachte ich lange nach. Daher bemerkte ich etwas zu spät zwei Hirten, die uns Tonscherben zum Kauf anboten. Ekke hatte etwas schneller geschaltet als ich und verhandelte mit ihnen bereits über den Kaufpreis. Als besonders wertvoll erschien mir eine angebotene Tontafel mit Keilschrift.

Während ich noch darüber sinnierte, ob es sich bei der Antiquität nicht um eine Fälschung handeln konnte, hatte mein Freund die Tafel bereits in seinem Besitz. Es handelte sich tatsächlich um ein echtes Stück, denn Hirten sind keine Fälscher. Bei länger andauernden Regenfällen finden sie manchmal kostbare Scherben im lehmigen Boden, die nur mit großer Aufmerksamkeit und einem geübten Blick zu erkennen sind. Im italienischen Paestum habe ich wiederholt eine Münze, ein Öllämpchen oder einen anderen Gebrauchsgegenstand aus antiker Zeit entdeckt. Vom langen Regen waren sie einfach herausgewaschen worden.

Am anderen Tag sah ich in Ankara bei einem Museumsbesuch ähnliche Tontafeln mit Keilschriften, die man sogar entziffern konnte. Die beiden Hirten hatten einen wertvollen Fund für ein Trinkgeld verkauft . . .

Weiter ging unsere Reise — Teheran war das nächste Ziel. Der Wettergott meinte es gut mit uns, denn der Himmel war strahlend wolkenlos. Unsere Stimmung entsprach ganz der Wetterlage: Erwartungsvoll, froh gestimmt und voller Optimismus kamen wir dem geheimnisvollen Perserreich immer näher. Alexander der Große und der Schah von Persien gingen mir so wirr durch den Kopf, daß sie für mich fast zu einer Person verschwammen. Hans, der regelmäßig eine Sauerstoffdusche nahm, reichte mir die Maske mit den Worten. »Das wird Dir auch guttun, wir sind jetzt fast 6000 Meter hoch.« Ich erinnerte ihn daran, daß ich als Nichtraucher die Höhe besser vertragen konnte als er. Dennoch nahm ich den Sauerstoff zu mir. Die augenblickliche Euphorie verflog sehr schnell. Es waren also doch Anzeichen eines beginnenden Höhenrausches gewesen. Ernüchtert und wieder klar im Kopf betrachtete ich unter uns die schneebedeckten Berge der östlichen Türkei.

Die Hochebene von Ankara war längst in eine Gebirgslandschaft mit über 3000 Meter hohen Gipfeln übergegangen. Nördlich von uns mußte Rußland liegen und im Süden Syrien und der Irak. Jetzt kam mir auch die Erleuchtung, weshalb uns die Türken keine Landeerlaubnis für einen Flugplatz südlich des Van-Sees gegeben hatten. Hier waren Zwischenfälle mit der kurdischen Bevölkerung an der Tagesordnung. Ausländer waren daher nicht erwünscht.

Wieder wurden meine Überlegungen unterbrochen, als sich Hans erkundigte, wie hoch wir eigentlich mit nur einem Motor fliegen könnten. Ich wußte es nicht. Im übrigen liefen die beiden Maschinen so gleichmäßig wie Nähmaschinen, so daß die Frage eigentlich müßig war. Hans blieb indes hartnäckig: »Falls ein Motor sauer wird, müssen wir wissen, ob wir noch über die Berge kommen. Los, fang schon an zu rechnen«, forderte er mich auf, »schließlich hast du doch vier Semester Mathematik studiert.« Also nahm ich nochmals einige tiefe Atemzüge aus der Sauerstofflasche und machte mich an das Rechenexempel. Das Ergebnis war nicht sehr ermutigend: Mit einem Motor konnten wir allenfalls 3000 Meter hoch fliegen, wahrscheinlich aber weniger. Hans stellte daraufhin lapidar fest, daß wir in diesem Fall nicht mehr über die immer noch ansteigenden Berge hinwegkommen würden. Somit bliebe eine Landung im Schnee eines Gebirgstales die einzige reale Möglichkeit. Spöttischer Kommentar von Ekke: »Dann müssen wir nur noch warten, bis uns die Bergwacht abholt . . .«

Unsere Unterhaltung über die verbleibenden Möglichkeiten bei einem Motorausfall verstummte plötzlich. Links von uns ragte ein Berg weit über die schneebedeckten Gipfel heraus. Er war fast doppelt so hoch wie die Gebirgszüge in seiner Umgebung. Der heilige Berg der Japaner, der Fujiyama, bietet einen ähnlichen majestätischen Anblick. Hier, am Berge Ararat, sollte einst die Arche Noah gestrandet sein – an einem riesigen, erloschenen Vulkankegel von mehr als 5000 Meter Höhe.

Unter dem Eindruck dieser gewaltigen Naturkulisse um uns und unter uns erschien es ganz plausibel zu sein, daß Noah sich hier vor der Sintflut gerettet hatte. Wir bedauerten es, daß unser Nahostexperte und Freund Werner Nützel nicht dabei sein konnte. Er hat sich viel mit realen Hintergründen des biblischen Geschehens befaßt. Im konkreten Fall hatte er alle möglichen Hypothesen untersucht, um die Ursachen für den Anstieg des Wassers zu ergründen. In seinem fesselnden dokumentarischen Buch »Von der Sintflut bis Byzanz« (erschienen im Oktober 1968) hat er seine Gedankengänge niedergelegt. Da in den Mythen vieler Völker von verheerenden Erdüberschwemmungen die Rede ist, bietet sich die Erforschung der Sintflut als sinnvolle wissenschaftliche Aufgabe an. Am Berge Ararat wurden sogar schon Versuche unternommen, Reste der Arche zu bergen. Als der Berg hinter uns verschwand, befanden wir uns in Persien: An der russischen Grenze entlang flogen wie nach Teheran.

Das Reisen in unbekannte Länder ist vor allem deshalb so spannend, weil es immer wieder mit großen oder kleinen Überraschungen verbunden ist. So waren wir nach der Ankunft in der iranischen Hauptstadt sehr erstaunt, daß wir unser Taxi zum Hotel nicht frei wählen konnten. Stattdessen erhielten wir einen Zettel mit einer Nummer, mit dem uns ein bestimmtes Taxi zugeteilt wurde. Der Fahrer durfte kein Geld nehmen, nachdem er uns am Ziel abgesetzt hatte, denn die Abrechnung wurde über unser Hotel vorgenommen. Wahrscheinlich diente dieses Verfahren dazu, Fremde vor überhöhten Preisen zu schützen.

In Teheran zur Zeit des Schahs

Das Hotel war voll belegt. Die Zimmer hatte uns ein befreundeter deutscher Geschäftsmann besorgt. Ohne frühzeitige Reservierung war zur damaligen Zeit im Teheran des Schahs von Persien kein Zimmer zu bekommen. Ein Gang durch die Räume, Restaurants, Cafés und Ladenpassagen machte deutlich, daß die Vertreter der westlichen Industriestaaten ihre Elite hierhergeschickt hatten, um mit dem Schah ins Geschäft zu kommen. Im Hotel herrschte ein babylonisches Sprachgewirr.

Da ich etwas zu bald zum Abendessen heruntergekommen war, trank ich noch eine Tasse Kaffee und las dabei eine englische Zeitung. Alle Tische waren voll besetzt, und ich hatte sehr bald Gesellschaft von mehreren Herren, die bei mir die letzten freien Plätze einnahmen. Sie unterhielten sich auf französisch darüber, daß sie ihr Angebot um fünf bis sechs Prozent reduzieren müßten, um die deutschen Konkurrenten zu unterbieten.

Von nun an lauschte ich hellwach ihrem Gespräch. Sie standen im Wettbewerb mit der deutschen Firma Mannesmann. Obwohl die Submission noch nicht abgeschlossen war, kannten die Franzosen bereits die Preise der anderen Anbieter. Beim Zuhören kam mir der Gedanke, wie leicht es doch manchmal ist, viel Geld zu verdienen, wenn man sein Wissen nutzbringend anwendet. Ich verzichtete aber auf einen Gang zur Firma Mannesmann, sondern schloß mich lieber meinen Freunden auf dem Weg in den Speisesaal an. Die verdutzten Gesichter der Franzosen werde ich nie vergessen, als ich mich buchstäblich auf französisch empfahl und ihnen zum Abschied gute Geschäfte wünschte.

Teheran bot für meine Begriffe nicht allzu viele Sehenswürdigkeiten. Die Stadt war ein riesiges Konglomerat von Häusern und Hütten mit fast zehn Millionen Einwohnern. Der Kronschatz des Schahs, der meine Freunde anlockte, interessierte mich nicht. Ich streifte daher ziellos durch die Stadt, um das Leben und Treiben auf den Straßen kennenzulernen. Da auch meine Freunde von Teheran etwas enttäuscht waren, beschlossen wir am anderen Tag, uns mit einem Taxi bis zum Kaspischen Meer vorzuwagen. Wir durchquerten die Täler des Elbrusgebirges auf schmalen Straßen und freuten uns an der reizvollen Landschaft, die langsam an uns vorbeizog.

Während der letzten Tage hatten wir die Erde nur immer von oben gesehen, aus einer Perspektive also, die alles wie unter einer Lupe kleiner erscheinen läßt, je höher man kommt. Von unten gesehen wirkten die Berge natürlich viel gewaltiger als beim Überfliegen. Als wir unser Ausflugsziel erreicht hatten, erlebten wir eine neue Enttäuschung: Vor uns lag eine unansehnliche Wasserlache, unbewegt, glatt wie ein Spiegel. Das Kaspische Meer hatten wir uns etwas eindrucksvoller vorgestellt. Nahe an einem Dorf führte ein hölzerner Bootssteg ins Wasser. Ich fühlte mich an die Stege am Chiemsee erinnert, die den Segelbooten zum Anlegen dienen. Hier war freilich weit und breit kein Boot zu sehen. Wir verspürten wenig Lust zu einem längeren Aufenthalt. Vor der Rückfahrt deckte sich jeder von uns noch mit einigen Kilogramm Kaviar ein, der hier erstaunlich billig angeboten wurde.

Abends waren wir wieder in Teheran, wo wir in der Zeitung lesen konnten, daß sich im saudischen Königshaus ein Todesfall, womöglich sogar ein Mord ereignet hatte. Der gesamte Luftverkehr über Saudi-Arabien war vorläufig eingestellt, was auch unsere Weiterreise berührte. Um die Zeit zu überbrücken, besuchten wir eine Reihe von persischen Städten, die uns alle reizvoller vorkamen als die Hauptstadt.

So hatten wir in Isfahan mit seinen alten Straßen, Basaren und schönen Brücken endlich wieder das Gefühl, im Orient zu sein. Die Pracht einer Moschee schlug uns alle in ihren Bann. Man erzählte uns, daß man von jeder Stelle des Gotteshauses selbst ein leises gesprochenes Wort am Platz des Imam verstehen könne. Wir probierten es aus und fanden die Richtigkeit dieser Behauptung bestätigt. In alten Zeiten wurden gute Abhöreinrichtungen auch ohne »Wanzen« mit ganz einfachen Mitteln geschaffen. Die Griechen verfügten in Delphi über eine ähnliche Einrichtung. Angekommene Besucher wurden schon bei der Unterhaltung in ihren Nachtquartieren belauscht. Kein Wunder, daß die Orakelsprüche aus diesem Heiligtum des Apollos wegen ihrer Treffsicherheit so berühmt waren.

Noch eine weitere Stadt muß ich hervorheben: Persepolis, die alte Hauptstadt der Perser. Die von Alexander zerstörte, riesige Palastanlage vermittelt einen nachhaltigen Eindruck von der Kultur, der Kunst und dem technischen Können jenes Volkes, das immerhin schon 500 Jahre vor Christus ein mächtiges Weltreich geschaffen hatte. Beim Studium der gefundenen Quellen hat man festgestellt, daß der Bau dieser Akropolis von Arbeitern geschaffen wurde, die für ihre Leistungen bezahlt wurden. In einer Zeit, in der solche Monumentalbauten normalerweise von Sklaven errichtet wurden, spricht dies in beeindruckender Weise für den hohen Stand der frühen persischen Zivilisation.

Märchen aus Tausendundeiner Nacht

In der Nähe von Persepolis erregten auf dem Weg zum Flugplatz Nomadenzelte unsere Neugier. Dem Taxifahrer gelang es, für uns eine Besichtigung zu arrangieren. Was wir nun zu sehen bekamen, hatten wir wahrhaftig nicht erwartet. Die Zelte waren ungemein behaglich und wohnlich eingerichtet. Alles machte einen aufgeräumten und blitzsauberen Eindruck. Die unverschleierten Frauen trugen farbige Gewänder, in die glitzernde Metallplättchen eingearbeitet waren, die bei jeder Bewegung das Licht wie ein Spiegel reflektierten.

Die Märchen aus Tausendundeiner Nacht schienen auf einmal greifbare Wirklichkeit zu sein. Uns fiel auf, daß die Frauen nicht abgesondert lebten, sondern gleichberechtigt mit den Männern. Ohne

Scheu empfingen sie uns und boten uns Erfrischungen an. Diese Nomaden zeigten sich als ein stolzer, der Tradition und Natur verbundener Menschenschlag, jedoch von einer ganz anderen Mentalität als unsere Sintis. Leider konnten wir nicht lange bleiben, wir mußten zurück nach Teheran.

Nach unserer Ankunft im Hotel setzten wir alle Hebel in Bewegung, um unsere Reise planmäßig fortzusetzen. In Saudiarabien türmten sich indes Schwierigkeiten über Schwierigkeiten für uns auf, angefangen bei der Suche nach Hotelzimmern bis hin zu den notwendigen Flug- und Landegenehmigungen für das Auftanken. Es blieb uns daher nichts anderes übrig, als wieder über die Türkei heimzufliegen. Um Bulgarien auszuweichen, planten wir unsere Rückkehr über Griechenland und Italien.

Da uns Teheran nichts mehr zu bieten hatte, fiel es uns nicht schwer, den Rückflug umgehend anzutreten. Zunächst verlief er ganz plangemäß. In Ankara wurden wir von der Flugsicherung mit türkischem Kaffee bewirtet, bis unser Flugplan nach Rhodos von den Griechen genehmigt war. Als wir wieder gestartet waren, schien alles klar zu sein, denn von Griechenland aus standen uns viele Möglichkeiten offen, um nach Bayreuth zu kommen.

Ganz so reibungslos sollte die letzte Etappe indes nicht verlaufen. Als wir mit Athen Funkverbindung hatten, wurde uns mitgeteilt, daß wir die türkisch-griechische Grenze nicht überfliegen durften. Wir verwiesen auf unseren gültigen Flugplan nach Rhodos, der ja per Fernschreiben von Athen genehmigt war – umsonst! Wir nahmen daraufhin nochmals mit Ankara Rücksprache und erfuhren, daß die Griechen an diesem Tag noch kein einziges Flugzeug über die Grenze hatten einfliegen lassen. Da wir nicht wußten, wohin wir uns wenden sollten, gab uns die türkische Flugsicherung Anweisung, mit Izmir Verbindung aufzunehmen. Wir erhielten sofort die Anfluggenehmigung mit dem Hinweis, daß wir uns über dem Platzfunkfeuer melden sollten.

Als dann der Turm unsere genaue Ankunftszeit wissen wollte, kam ich in Verlegenheit, denn ich hatte sämtliche Navigationsunterlagen schon eingepackt in der sicheren Erwartung, in zehn Minuten in Rhodos zu sein. Ich wußte nicht einmal mehr genau, wo wir uns befanden, und wie weit wir von Izmir noch entfernt waren. So nannte ich der Flugsicherung eine geschätzte Ankunftszeit, die natürlich nicht stimmen konnte. Ich brauchte nicht einmal hinzusehen, um zu merken, wie Hans neben mir grinste. Dann fügte er genüßlich an: »Dies ist das erste Mal, daß ich dich beim Fliegen schwitzen sehe.« Vom Rücksitz schaltete sich Ekke in das Gespräch ein. Seiner Meinung nach hätten wir einfach in den Wolken nach Rhodos weiterfliegen sollen – die hätten uns bestimmt nicht bemerkt . . .«

Zwangsaufenthalt in Izmir

Hans und ich waren in diesem Punkt allerdings anderer Meinung. Über Izmir mußten wir lange in der Luft kreisen oder, besser besagt, »im Holding« fliegen. Mehrmals baten wir um Landegenehmigung, wurden aber immer wieder vertröstet. Als es dann endlich soweit war, sahen wir den Grund für die Verzögerung. Vor uns starteten Düsenjäger, und kaum hatten wir die Landebahn verlassen, setzten andere Kampfmaschinen zur Landung an. Türken und Griechen ließen im Zypern-Konflikt wieder einmal die Muskeln spielen. Die Luftwaffen beider Länder verfolgten eine gegenseitige Einschüchterungsstrategie. Beim Verlassen des Flugplatzes ahnten wir noch nicht, daß uns ein längerer Aufenthalt bevorstand. Die Schuld daran trug nicht zuletzt der deutsche diplomatische Dienst. Nähere Einzelheiten und Hintergründe sind aus einem Zeitungsartikel zu entnehmen, den ich als Anhang beifüge. An dieser Stelle will ich mich darauf beschränken, einige Eindrücke von unserem Zwangsaufenthalt zu schildern.

Natürlich versuchten wir, das Beste aus unserer Lage zu machen. Als erstes besuchten wir Pergamon. Der Taxifahrer holte uns mit einem alten amerikanischen Straßenkreuzer am Hotel ab. Die Fahrt durch Anatolien war um diese Jahreszeit recht angenehm und hätte sogar entspannend sein können, wenn unser Fahrer nicht so sehr aufs Gaspedal gedrückt hätte. Plötzlich fing das Auto an, auf der breiten Schotterseite hin- und herzuschlingern. Als es endlich nach mehr als hundert Metern zum Stehen kam, sahen wir, daß ein Hinterreifen platt war. Der Fahrer lief im Trab zurück, als suche er etwas Bestimmtes. Wir konnten uns das nicht erklären. Ekke musterte den schadhaften Reifen und fand einen Grund: »Der sucht seine Radkappe!« Tatsächlich kam der Fahrer kurz darauf mit strahlender Miene zurück und schwenkte freudig die wiedergefundene Radkappe. Der Radwechsel, den er ohne Reifenheber vornahm, ging schneller vor sich, als ich dachte.

Pergamon war eine Reise wert! Die antike Stadt war zu diesem Zeitpunkt fast vollständig ausgegraben mit ihren zahlreichen Prachtbauten. Griechische Steinbildhauer haben hier Marmorplastiken in höchster Vollendung geschaffen, die jeden Betrachter tief beeindrucken. Sogar ein antikes Bordell wurde wieder freigelegt. Einige Tage später, in Ephesus, mußte ich an die vielen Briefe des Apostels Paulus an die Epheser und an andere junge christliche Gemeinden denken. Angesichts des damaligen Sittenverfalls, der auch durch die Ausgrabungen dokumentiert wird, waren die Ermahnungen des Apostels sicherlich berechtigt. Als nach zwölf Tagen unser unfreiwilliger Aufenthalt beendet war, flogen wir, reich an Eindrücken, wieder nach Bayreuth. Unseren Zorn auf die deutschen Auslandsvertretungen konnten wir indes nicht so schnell zähmen.

Flieger wollten am liebsten in die Luft gehen

Griechen sperrten ihren Luftraum und drei Bayreuther saßen zwölf Tage lang im türkischen Izmir fest – Eingeschaltete deutsche Auslandsvertretungen merkten erst nach einer Woche, daß Bulgarien längst „geschaltet" hatte

Zwölf Tage lang wurden jetzt drei Bayreuther Sportflieger wider ihren Willen in der westtürkischen Stadt Izmir festgehalten. Recht teuer bezahlten sie damit – in des Wortes wahrster Bedeutung! – die unter Weitgereisten keineswegs mehr neue, aber immer wieder bittere Erkenntnis, daß es für einen Deutschen recht problematisch werden kann, wenn er in der Fremde darauf bauen muß, daß ihm die diplomatischen Vertretungen seines Landes aus irgendeiner Patsche helfen. Zur Bewältigung einer Routineaufgabe benötigten Bonns Auslandsrepräsentanten nahezu zwei Wochen, vor allem deshalb, weil sie erst nach sieben Tagen mitbekamen, daß das Manöverziel (eine Überfluggenehmigung) nach fünf Tagen erreicht worden war. Kommentar der drei Flieger: „Es war zum In-die-Luft-Gehen!"

Um den Spuren der Hethiter folgen zu können, jenes historischen Eroberervolks, das vor dreitausend Jahren über den Bosporus in Kleinasien eindrang, waren die drei über Jugoslawien und Bulgarien hinweg zunächst bis Ankara geflogen, um die ostwärts der türkischen Kapitale gelegene einstige Chatti-Hauptstadt Hattussa zu besichtigen, die heute den Namen Boghasköi trägt. Von hier flogen sie weiter in den kaum weniger geschichtsträchtigen Iran, wo sie Teheran, Schiras und Isfahan besuchten.

● Schon dort mußten sie jedoch feststellen, daß zur Zeit in keinem jener Öl-Länder, in denen Industrievertreter aus aller Welt mit dem Auftragsbuch in der Hand die Klinken putzen, Hotelzimmer zu bekommen sind. Deshalb sahen sie von dem ursprünglich geplanten Weiterflug nach Syrien und Saudi-Arabien ab und wollten von Teheran wieder heimfliegen.

Der Brauereibesitzer Hans Maisel, der Diplomvolkswirt Dr. Ekkehard Rosenschon und der Diplomingenieur Adam Hereth sind nicht nur erfahrene Flieger, sondern auch weitgereiste Amateur-Altertumsforscher, die nahezu jährlich einen luftigen Trip in den Mittelmeerraum starten und die Spielregeln kennen. Schon wochenlang vor ihrem Start Mitte April hatten sie deshalb die Flugroute festgelegt und alle Formalitäten erledigt. Für sie stand nach alledem fest, daß sie auf dem Rückflug Rhodos, Kreta und schließlich das italienische Bari ansteuern wollten. Aber so weit sollten sie nicht kommen ...

„Wir brummten gerade", so berichtete Dr. Rosenschon dem KURIER, *„über jene gedachte Linie in Kleinasien, wo jeder Pilot von der Luftaufsicht in Ankara auf die in Athen umstellen muß. Und hier erfuhren wir zu unserem Erstaunen, daß uns die Griechen strikt ein Überfliegen ihres Hoheitsgebiets verweigerten. Wir haben über den Sprechfunk eine halbe Stunde lang verhandelt – umsonst. Athen blieb bei seinem „Nein" und nannte als Begründung „Manöver".*

So blieb den Bayreuthern nichts übrig, als ihre zweimotorige Beech „Baron" in Izmir an der türkischen

94

Westküste zu landen. Nachdem Griechenland für sie tabu war, mußten sie hier versuchen, erneut eine Überfluggenehmigung für Bulgarien zu bekommen. Die internationalen Vorschriften aber verlangen, daß dies nur auf diplomatischem Wege erfolgen kann. Und damit begann ein Abenteuer, das nicht vorher eingeplant werden konnte.

Freitag, 25. April.

Die drei werden beim deutschen Generalkonsul in der Halb-Millionen-Stadt „vorstellig". Der erste, etwas zweifelhafte Rat, den sie dort erhalten: „Sie sollten nach Istanbul fliegen – da geht das sicher viel einfacher!" Kommentar der Bayreuther: „Die hatten wohl nicht viel Ahnung und wollten uns möglichst schnell wieder loswerden. Aber in der Riesenstadt am Bosporus wären wir ja völlig geschmissen gewesen!"

Schließlich ruft das Generalkonsulat Izmir aber dann doch bei der deutschen Botschaft in Ankara an. Vorschlag von dort: „Die sollen hierher zurückkommen!"

Nichts Gutes ahnend telefonieren die Bayreuther noch am gleichen Abend nach Bayreuth und bitten, daß man das Auswärtige Amt verständige und um dessen Fühlungnahme mit der bulgarischen Botschaft in Bonn bitte.

Samstag, 26. April.

Angesichts des Wochenendes erhofft das Trio kein umgehendes Happy-End. Aber man will nichts unversucht lassen und schickt ein Fernschreiben an die deutsche Botschaft in Sofia.

Sonntag, 27. April.

Geschehen kann kaum etwas. Also versuchen die drei Altertumsfreunde das Beste aus der Lage zu machen und besuchen Ephesus.

Montag, 28. April.

Aus Bayreuth kommt die Bestätigung: „Auswärtiges Amt verständigt. Teilte mit, daß Verbindung mit bulgarischer Botschaft aufgenommen."

Dienstag, 29. April.

Nichts geschieht. Am Abend ärgern sich die drei, daß sie keinen archäologischen Ausflug unternommen haben. Aber es hätte ja sein können . . .

Mittwoch, 30. April.

Die deutsche Botschaft in Sofia meldet sich in Izmir. Sie hat eine erstaunliche Frage: „Mit welcher Gesellschaft sind Sie geflogen?" Die Bayreuther, „leicht von den Socken", verweisen darauf, daß ja aus der in Sofia vorliegenden Herreise-Überfluggenehmigung klar hervorgehe, daß sie Privatflieger seien. Erneute Anfrage: „Wann wollen Sie starten?" Antwort: „Das hängt vom Eingehen der Genehmigung ab und auch noch vom Wetter."

Abends trudelt noch ein Fernschreiben aus Bayreuth ein. Sein Inhalt: Ein bulgarischer Botschaftsmensch aus Bonn soll nach Sofia geflogen sein um die Sache vor Ort zu regeln. Am Schluß des FS noch eine Warnung „Aber Vorsicht – 1. Mai!"

Am „Tag der Arbeit" geschieht natürlich nichts. Ebensowenig am 2. Mai, denn das, ist ein Freitag, und dann kommt sowieso wieder ein Wochenende. Wenigstens Zeit für Ausflüge.

Montag, 5. Mai.

Die Bayreuther funken gewissermaßen SOS. Sie schicken ein Fernschreiben nach Sofia, an die Deutsche Botschaft. „Wir warten noch", erinnern sie die AA-Vertreter, und: „Wir müssen unbedingt am 7. fliegen!"

Als keine Antwort kommt, rufen sie in Istanbul bei der PANAM an, lassen drei Flugkarten nach Frankfurt reservieren. Dieser Verzweiflungstat liegt die düstere Erkenntnis zugrunde, daß es vermutlich das beste ist, nicht mehr weiter zu warten, sondern nach Deutschland zu fliegen, um die Angelegenheit von dort in Ruhe zu regeln.

Am Abend kommt ein Anruf aus Sofia. Er bringt wenig Trost: „Wir müssen den Luftwaffen-Attaché einschalten!"

95

Dienstag, 6. Mai.

Die Botschaft ruft noch einmal an, und jetzt platzt die Bombe:

● „Überfluggenehmigung am 30. April von Bulgarien erteilt. Haben mehrfach versucht, Sie zu erreichen. Sind nicht durchgekommen." Das läßt nur den Schluß zu, daß die linke Hand nicht wußte, was die rechte tat ...

Hans Maisel, Ekkehard Rosenschon und Adam Hereth trösten sich mit den schönen Erinnerungen, die sie aus dem Iran mitbrachten. „Dieses Land", so erzählen sie übereinstimmend, „ist ganz anders, als wir es uns vorstellen. Hier verrät alles eine große, alte Kultur, die sich selbst in ärmeren Gegenden wohltuend bemerkbar macht. Das Land wirkt gut in Schuß. Aber der atemberaubende Aufschwung, den es gegenwärtig unübersehbar nimmt, macht den Europäer nachdenklich: Wenn es so weitergeht, werden wir irgendwann in die Abhängigkeit der Ölstaaten geraten."

Nach dem aber, was auf dem Rückflug geschah, haben die drei das fatale Gefühl, daß die Sportfliegerei langsam abgewürgt wird. „Was waren das noch für Zeiten, als wir gemütlich rund ums Mittelmeer gondelten! Aber heute? Wenn man keinen Jet fliegt, kommt man nicht ohne Zwischenlandung von Ägypten nach Tunesien. Die entsprechende Erlaubnis aber gibt's kaum noch seit dem Krach zwischen Kairo und Tripolis. Und selbst in Italien wird entweder gestreikt oder es gibt keinen Sprit ..."   -mel

Reportage von Fred Behmel
»Nordbayerischer Kurier« vom 10./11. Mai 1975

EINIGE WORTE DES DANKES

Hans Knoll hat uns fast allen das Fliegen beigebracht, sogar mir. Keiner seiner Schüler ist dabei ums Leben gekommen, denn er hat uns gelehrt, wie man sich bei Not- oder Bruchlandungen verhalten muß. Er war uns nicht nur Fluglehrer, sondern auch Helfer, Kamerad und Freund. Ich darf Dir daher, lieber Hans, meinen und den Dank Deiner Flugschüler aussprechen.

Danken möchte ich auch all denen die mit mir geflogen sind, denn es waren mutige Menschen. Mein Freund Hans Maisel hielt zwar nicht viel von meinen Flugkünsten, aber er ließ mich trotzdem seine Maschinen fliegen. Vielleicht gerade deshalb, denn sie waren gut versichert, und er liebte es sehr, den Flugzeugtyp zu wechseln. Mein Dank für Dein Vertrauen ist Dir gewiß!

Schließlich muß ich Herrn Bernd Mayer erwähnen, der mich regelrecht zum Schreiben drängte, die Manuskripte durchlas und mir wertvolle Ratschläge gab, für die ich ihm sehr dankbar bin. Professor Bläser aus Berlin hat mit seinen Abbildungen, Skizzen, und Karrikaturen dafür gesorgt, daß der Leser nicht von der Langeweile überwältigt wird, deshalb gebührt auch ihm ein herzliches Dankeschön!

Bayreuth, im April 1994

STICHWORTVERZEICHNIS

A

Aajun, Stadt im südlichen
Marokko   73
Aberdeen, Stadt in
Schottland   38
Adria, Teil des
Mittelmeeres   18
Agadir, Stadt in
Marokko   73
Albanien   18
Algarve, Küstenlandschaft in
Südportugal   48
Algier   76
Agios Nikolaos, Stadt auf
Kreta   65
Andalusien, das südliche
Spanien   49
Ankara, türkische
Hauptstadt   82
Akropolis von Athen   61
Ararat, Berg, an dem die
Arche Noah landete   86
Atlas, Gebirgszug in
Nordafrika   76
Athen   61

B

Barcelona   48
Belgien   45
Belgrad   18, 82
Biarritz   56
Bindlacher Berg   10
Bagohazköy, Ort in der
Nähe Ankaras   84
Brindisi, Stadt in
Süditalien   18

Bulgarien   83
Byzanz   21

C

Caen, Hauptstadt der
Normandie   34
Creully, Schloß in der
Normandie   36
Casablanca, Stadt in
Marokko   73

D

D-Day, Landung der
Alliierten (2. Weltkrieg)   34
Delphi, Griechenland
(Orakel)   90
Devraigne Pierre,
Bürgermeister von Paris   28
Diocletian, röm. Kaiser
243–313 n. Chr.   21

E

Etain Rouvres, Flugplatz in
Frankreich   25
Ephesus, türkische Stadt am
Mittelmeer   95
Evans, englischer
Archäologe   67

F

Faraday, englischer Physiker
1791–1867   44
Faro, Stadt in Südportugal
am Atlantik   49

An den

»Luftsprüngen in die Weltgeschichte«

waren direkt oder indirekt beteiligt
meine Fliegerfreunde:

Hanna Hereth, Ehefrau

Wolf Heinrich von Künssberg, Gut Danndorf

Hans Maisel, Brauereibesitzer

Werner Nützel, Diplom-Ingenieur

Dr. Ekkehard Rosenschon, Steuerberater

Karl Schmitt (†), Flugleiter

Siegfried Schubert, Schiffsingenieur

© Adam Hereth, Bayreuth, 1994
Lektor: Bernd Mayer
Illustrationen: Gerhard Bläser, Berlin
Gestaltung: Frank Schneider, Berlin
Gesamtherstellung: Druckhaus Bayreuth
ISBN 3-922808-37-9